仕事で必要な「本当のコミュニケーション能力」はどう身につければいいのか？

Books&Apps
安達裕哉

日本実業出版社

はじめに

近年、新卒採用時に企業が学生に求める能力の代表が**「コミュニケーション能力」**となっています。

実際に、2013年の厚生労働省の「厚生労働白書」によれば、1990年代には上位5位にすらランクインしていなかった「コミュニケーション能力」が、2012年時点には大きく順位を伸ばして3位にランクインし、逆に「創造性」などはそのランクを落としています。

もちろん、これは新卒にかぎった話ではありません。中途採用においても、まず多くの企業が気にするのは、その人物の「コミュニケーション能力」であり、そのほかの能力は、「コミュニケーション能力」があることを前提として判断しているようにも見えます。

しかし、なぜ現代はこれほど「コミュニケーション能力」が重視されるのでしょう。

1つには、**ますます知識が専門分化しており、「専門家同士の協力」なくして、成果をあげることができない**、という現実があげられます。

誰もたった1人の知識で、膨大な範囲に及ぶ企業活動を支えることはできません。

たとえば、webサービスの開発・運営をとっても、アプリケーションのプログラマー、インフラのエンジニア、デザイナー、マーケター、ビジネス・プロデューサー、それぞれに深い専門知識が求められ、しかも彼らの知識が有機的につながらなければなりません。

また、自社だけではなく、広告代理店のメンバーや、フリーランスのエンジニアが出入りしており、彼らのマネジメントを行うマネジャー、法的なリスクについては法務など、携わらなければならない専門家は膨大な人数にのぼります。

このように現代は専門知識によって組織に貢献する労働者、「**知識労働者**」が中心となる世界です。

そして、知識労働者はその力を結集するため、「専門知識」と「コミュニケーション能力」の両者を兼ね備えてはじめて業績に貢献できるのです。

2つ目には、**会社のコアメンバーが行う定型業務の減少**があります。

高度経済成長時には、企業は「定型的な仕事」を効率よくコストを低く抑えて回す方法が問われていました。

ところが、現在は中小零細規模の企業に至るまで、「定型的な業務」はソフトウェアやクラウドソーシング、外部リソースに委託し、付加価値の高い領域に集中して業務を行わなければ、競争に勝ち抜いていくことができません。

すると、会社のコアメンバーが行う仕事は必然的に、クリエイティビティが求められる非定型業務です。しかし、非定型業務は本質的に「試行錯誤」を含みます。つまり、「試してみなければわからない」「失敗したら改善してやり直す」というサイクルを回し、徐々に成果が出るように仕事の質を高めていく過程を必ず含みます。

そして、この「改善活動」は1人ではできません。改善をする、ということは、さまざまな視点からアイデアを出し、より成果につながるアイデアを求める行為にほかならないからです。

したがって、ここにおいても「コミュニケーション能力の有無」は、死活問題なのです。

前述した理由から、「コミュニケーション能力」に悩む人は、近年とても増えているといえるでしょう。

私も企業のコンサルティングの現場において、適切なコミュニケーションがとられていないばかりに多くのリソースを無駄にしている、たとえば次のようなケースを見てきました。

・無駄な会議
・上司の指示と部下の行動の食い違いによる摩擦
・納得感のない人事評価
・職場の人間関係の不和
・プロジェクトの崩壊

このように「コミュニケーション能力」の不足に端を発するトラブルは、枚挙にいとまがありません。

私はそんな「働く人たちのコミュニケーション不全」を解決すべく、Books&Appsというメディアにコラムを数多く書いてきました。本書は、その中でもとくに評判のよかった記事をもとに、加筆修正を加え、編集を行ったものです。

本書を読んだ1人でも多くの方が、「コミュニケーション能力」について何らかのヒントが得られることを願ってやみません。

目次

第4章 「コミュニケーション能力」を高めるために、日頃からできること

第5章 「コミュニケーション能力」を兼ね備えて、はじめて成果を出す能力となる「知的能力」と

装丁　　　杉山健太郎
イラスト　小幡彩貴
ＤＴＰ　　アイ・ハブ

第１章
「コミュニケーション能力」の正体

人にきちんと「伝わる」ようにするために、知っておくべきこと

「コミュニケーションの本質はなんだろう?」と考えたときに、核となる技術は**「伝わる」**ことだろう。

伝えることは誰でもできる。話せばよい。見せればよい。聞かせればよい。だが、人を動かすことはできない。人を動かすのは、その内容が「伝わった」ときだ。コミュニケーションは、伝わることが難しいのである。

「伝わること」の本質を知っている人は、どんな仕事でも成果をあげる。たとえば、

・教師
・マーケティング・プランナー
・営業

・エンジニア
・芸術家
・作家
・音楽家
・コメディアン

など、多岐にわたる分野で「伝わる」ことは重要だ。

現代では「つくる」だけではなく、「伝わる」ことを考えなければならない仕事ばかりである。伝われば、相手は動き、変化し、感動し、感化される。

優れた表現者が尊敬を集めるのは、その影響力の大きさゆえである。

＊

では、「伝わる」とはなんだろうか。単に「伝える」だけではなく、「伝わる」表現をものにするためには何をすればよいのだろうか。

いくつか知っておくべきことがある。

1　「伝わる」のは、相手が聞きたい（見たい）と思うものだけである

見たくないもの、見ようとしないものは、基本的に見えない。

・たとえば、ある会社で「リストラ」があるという話が出るとする。しかし、皆「自分には関係がない」と思う
・年金を含む社会保障が破綻寸前だと知らされても「他人事」と思う
・40歳にもなれば、あと人生はせいぜい40年であるが、「死ぬのはまだまだ先」と思う

古代ローマの政治家ユリウス・カエサルの言うとおり、人間は、自分が見たいと欲するものしか見えない。無理やりそれを見せようとすると、人は反発し、怒る。
現実と理想の両方を見ることのできる人は、稀有《けう》であるし、それは一種の才能であるから、それを相手に期待してはいけない。

したがって、「何を言っても伝わらない人」は存在する。そのようなときは時間をかけなければならない。待つこと、状況が変わることを待たねばならない。

そのような意味では「先送り」が正しい判断のときもある。厳しい現実を受け入れてもらうには、時間がかかる。

2 「感情」抜きには、伝わらない

論理によっては伝わらない。論理によって伝わる人は、これもまれである。それを相手に期待してはいけない。

人に最もよく伝わるのは、感情であったり、心の動きであったりする。数学者よりも音楽家や画家が伝わる表現に秀でているのは、このためである。感情を喚起しなければ、人には伝わらない。

したがって、本当に伝えたいことがあるならば、説得しても無駄である。ストレートに伝えてもあまり効果はない。何かのエピソード、ストーリー、色、音楽、味覚、匂い、視覚表現など、別の形の表現をとる必要がある。

たとえば、グルメ漫画で、相手にうまいものを食べさせ、籠絡《ろうらく》するストーリーはもはや定番であるが、それが受け入れられるのは、我々が論理ではなく、感覚の生き物であるからだ。

・ある会社では、「会社の危機的状況」を知らせるために漫画をつくった。論理ではなく、感情に訴えた
・ブログや雑誌などで炎上を意図的に発生させる人があとを絶たないのは、これを知っているからである
・アル・カポネは、「やさしい言葉に銃を添えれば、やさしい言葉だけのときよりも多くのものを獲得できる」と言った。恐怖で人を支配する試みがなくならないのは、このためである

あなたのアドバイスが目の前の人に伝わらないのは、論理によって伝えているからだ。熱意を、感情を伝えなければならない。

3　人は「誰に言われたか」を重視する

同じことを言ったのでも、あなたが言うのと、ビル・ゲイツが言ったのとでは異なる影響力がある。それは不合理ではなく、人間性の本質である。

目の前の人が、「誰からの話なら聞くのか」は重要なことである。

・CMに芸能人が起用されるのは、このためである
・紹介が最高の営業であるのは、このためである
・虎の威を借る狐《きつね》が有効なときもある
・有名人のセミナーが好まれるのは、このためである

したがって、あなたが表現しても「伝わらない」のであれば、あなたが変わらなければならない。あなたが権威を備えなければならない。あるいは、ほかの人に言ってもらわなければならない。

真のコミュニケーションと、上辺のコミュニケーション、何が本質的に異なるのだろうか

人間関係は「コミュニケーション能力」によって良好な関係が保たれると思う方がいるかもしれない。

たしかに、そういった面もある。人に使う言葉を選んだり、傾聴《けいちょう》したり、コミュニケーションを良好に保つために語られることは数多い。

しかし、大人にとって、人間関係を長く良好に保つための本質は、「コミュニケーション能力」なのかといえば、実際はそうとも言い切れない。

たとえば、場合によっては「上っ面はいいけど、あの人は腹の中が読めないよね」や「あの人とは上辺だけの付き合いだよね」と言われたりする。

では、信頼を生み出す「真のコミュニケーション」と、疑念を生み出す「上辺のコミュニ

ケーション」とで、何が異なるのだろうか。

＊

ひと昔前、私はあるシステム開発の会社にお邪魔したことがある。その会社はひと言でいうと「人間関係が良好」であった。何がそう思わせたのかといえば、その議論の様子だ。

彼らの会議は常に本音でものごとが語られる。なぜかといえば、その会社では「本音で語ることが義務」とされているからだ。

「上辺だけとりつくろっても、時間の無駄ですから」と経営者は言う。

経営者の言うとおり、彼らの会議は短い。一般社員であっても上司、ときに経営者にまで遠慮のない物言いがなされる。当然、少数ではあるが感情的になる人も中にはいるのだが、会議が終わると皆ケロっとして、一緒に昼食を食べに行く。

「激しくやり合っているように見えたのですが、皆さんよい関係なのですね」と経営者に言った。

「違いますよ。関係がいいから、激しくケンカできるのです」

とその経営者は返した。さらに、こうも。

「上辺だけの関係であったら、決して本気で語ることはできません。そのまま決別してしまいますよ」

たしかに一理ある。私はその経営者に尋ねた。

「このようにきちんと議論できる人間関係をどのようにつくるのですか？　やはり皆さん、コミュニケーション能力が高い人ばかりを採用しているのでしょうか？」

その経営者は即答した。

「コミュニケーション能力が高い人が好まれる、というのはおそらく最近の悪しき風潮でしょう。私はそれとは反対の立場をとります」

予想外の返答だ。経営者は続けた。

「敬意をベースに人間関係ができていれば、配慮のある使うべき言葉は自然と生まれます。上辺だけのコミュニケーション能力をベースとした人間関係は逆です。ひと言ひと言は軽く表面的であり、そこに真の連帯はありません。いわば、学生のときのように『面白い人は人気がある』という程度のものでしょう」

「敬意をベースとする、ですか？」

「そうです。**良好な人間関係を保つために、最も重要なのは敬意です。**むしろ、真のコミュニケーション能力の源泉は、『敬意』といってよいでしょう。これをなくして、どんなコミュニケーションも本質を伴わず、疲れるだけのむなしいものとなります」

「なるほど……」

「夫婦でも、友人関係でも、長く続く人間関係は『敬意』をベースに成り立ちます。そして、私たちの会社の経営も同様に敬意をベースにしています。上辺のコミュニケーション能力ではありません。必要なのは、その人に何かしらの強みを見ることができるか、目の前の誰かを敬《うやま》うということを、自然とできるかです。私たちは『どのような振る舞いをする人物に敬意を持ちますか？』という質問を必ず面接で応募者に聞きます。その理由を聞き、採用の可否を決めることも多いです。人に対して敬意を持てない人物は、要するに未熟なのですよ」

「未熟ですか……」

「そうです。未熟な人物と議論はできない。そこにあるのは権利の要求と、認められたいという欲望だけです。また、敬意は好き嫌いとは関係がない。嫌いでも敬意があれば、対話できる。これは多様性を持ったチームをつくるためには不可欠です」

＊

この経営者の話は、私が「コミュニケーションの本質」と「敬意」に関して深く考える、とてもよい機会になった。

「コミュニケーション能力」とは、言ってしまえば「気が利くかどうか」

ある人事の方が「6月に入ると、新人のあいだの実力差が見えてくる」と言っていた。

「そんなに早くわかるものなの？」と思う人もいると思うが、おそらく正しい。

この時期、多くの新人の役割は研修の受講と雑用であり、人によりやっていることにあまり差がない。だから、余計に能力の差が目につくのだ。

「いちばん差が出るのは、コミュニケーションの部分ですね」と、その人事の方は言う。

「コミュニケーション？」

「そう」

私は思わず笑ってしまった。

「コミュニケーション能力のある人を採用したのでは？」

「それはそうですけど、面接したのは現場の人、面接の素人だから、結局、人事が研修と雑用をやらせて、もう一度適性を見て、ふるいにかけているのです」

「なるほど」

「人事をそれなりに長いことやっていると、『面接で人の能力を見抜ける人』なんてまったくいないことがよくわかります（笑）」

「へえ〜」

「ま、話を元に戻すと、コミュニケーション能力がありそうだ、ということで採用した人も、当たり外れがあるんです」

彼によれば「コミュニケーション能力が高そうに見える人」には2種類あるそうだ。

1つは、「人あたりがよいだけの人」。もう1つは、「真にコミュニケーション能力の高い人」だ。

私は「何が違うのですか？」と聞いた。「少し難しい課題を与えたときの反応がまったく違うんです」と彼は言う。


「具体的に教えてください」

「たとえば、ある新人デザイナーを2人、想像してください。1人は、人あたりだけがよい人。もう1人は、真にコミュニケーション能力の高い人」

「想像しました」

「そして、彼らに課題を与えます。たとえば、ウチのwebサイトの商品ページのデザインをもっとよくしてほしい、と」

「抽象的ですね……」

「そのとおりです。あえて抽象的な課題を与えて、どういうふうに行動するか、彼らの反応を見ます」

「それで、どうなるのですか？」

「人あたりだけがよい人は、『どうすればいいか教えてください』って来る。『何がわからない？』と言っても、『どこから手をつけたらいいかわからない』と言うだけ」

「まあ、普通はそうじゃないですか」

「そういう人には作業手順を教えてあげる。けれども、その人は『コミュニケーション能力が低い人』に分類される」

「では、高いほうの新人はどんな反応なのですか？」

「人によって言い方は違いますが、問題点を整理してきます。とても具体的に質問してくるのです」

「どんな？」

「たとえば、今年の新人で1人、ヒアリングシートを自分でつくってきた人がいました。項目が、『なぜデザインをよくしたいのか？』『今のページで使いにくいところはどこか？』『サンプルになるようなページはあるか？』。あと何だったたっけな……」

「それはすごい」

「もちろん、デザインそのものの腕はまだまだなので、ベテランに比べてクオリティは低いですけれど。でも、こういう人物を、コミュニケーション能力がある、っていうのだと思います」

「たしかに……」

「たぶん彼、想像したんですよね。『なぜこの仕事をやらされているか』『人事の意図は何か』を。たしかに、その類《たぐ》いの事例を研修で教えましたけど、彼はそれをすぐに実践できている」

「すごいですね」

「**結局、コミュニケーション能力って、言ってしまえば『気が利くかどうか』です。**彼はどうすれば相手が楽か、想像できるのですよ」

「なるほど」

＊

たしかに、「人あたりのよさ」だけでは仕事はできない。真のコミュニケーション能力とは、すなわち相手の要求を「気を利かせて」読み取る能力なのだ。

「会話のうまい人」とそうでない人の決定的な差がどこにあるか、ようやくわかった

公私ともに、会話のうまい人をたくさん見てきた。

会話はコミュニケーションの基礎であり、また終着点でもある。上手であることに越したことはない。

では、どうすれば「会話がうまい」と言われる人になり得るのだろうか。

一説によれば「聞き上手となるべき」と言う人がいる。ウンウンと相手の話をよく聞き、相手に気持ちよくしゃべってもらうことに注力せよ、と言う。

しかし最近、それはどうも違うと感じることもある。聞き上手であることは特定のシーンにおいては重要なのだが、必ずしもそうではない。

たとえば、私は普段「聞き上手」の人をあまり求めていない。何か観察されているのでは、と勘ぐってしまうからなのだが、むしろ相手の話を聞かない人のほうがコミュニケーション

をとりやすく、会話も続く。

また、世の中に散らばる「会話のノウハウ」は、いかにもマニュアル的で個別のシーンを扱っていて使い勝手が悪い。だから、最近まで私は「会話に王道なし」と割り切っていた。

＊

ところが最近、ある方とミーティングするにあたって1つ気づいたことがあった。

私が「話し上手」だと思っていた方が、ほかの人と話すと「聞き上手」だったのだ。つまり、彼は使い分けていた。

それを彼に尋ねると、「会話には、いくつかのパターンがあり、使い分けは当然」と言った。さらにこうも。

「『聞き上手』とか『話し上手』とかは、会話のひとつの側面を切り取っただけで、本質はそこにはない」

「では、本質はどこにあるの？」

「まず、よく言われるとおり会話は『キャッチボール』だ」

「それは知っている」

「では、キャッチボールが成立するための条件は？」

「条件？　うーむ……」

「たとえば、野球を覚えたての子どもと、プロ野球選手のあいだでもキャッチボールは成立するよね」

「まあね……」

「でもそのとき、プロ野球選手は手加減するだろう？」

「うん……」

「じつは、会話もどちらかが『手加減すること』が絶対に必要なんだよ」


手加減……と言われても、わかったような、わからないような表現だ。実際、何を手加減すればよいのかよくわからない。


「私の言っていることがわからない？」

「うん……」

「たとえば、ある友だちに自分の好きなゲームの話をするとしよう。自分は詳しいけど、相手はそのゲームをしたことがない」

「よくあるね」

「ならば**自分は、相手がどこまでそれについて知っているのか、をたしかめながら話を進めなくてはならない。**格闘ゲームなら、格闘ゲームをやったことがあるか、『コマンド』を理解しているか、格闘ゲームの面白さについて聞いたことがあるか、これらが『手加減』だ。これをしないと、相手はキョトンとしてしまうか、『よくわからない話だ』と思いながら話を我慢して聞くだけになる」

「なるほど」

「だから会話が面白いのは、じつは『同じ知識レベル』の人同士だよ。手加減しなくていいから。話していて、『つまらないな、この人の話』と感じるときは、知識レベルに隔たりがあるときだね」

「なるほど」

「それを理解したうえで、次に『３つのモード』を使い分ける」

「何それ？」

「会話というのは、目的によって３つに類型化される。『**議論モード**』と、『**共感モード**』、そして『**提供モード**』」

「はじめて聞いた」

「だろうね。私が勝手につけただけだから（笑）。でも、意識するだけでけっこう役に立つ。**『議論モード』は、自分と相手の話す割合が5：5になるようにする。**これはお互いがきちんと意見を言い合って、よりよい知識を生み出すための会話の方法」

「なるほど」

「**『共感モード』は自分が『聞き役』で、話す割合は自分と相手が2：8くらい。**この会話の目的は相手にスッキリしてもらうこと」

「それはなんとなく知っていた」

「まあ、よく聞くよね。そして**『提供モード』は自分が8話して、相手が2くらい質問するイメージ。**要するに情報提供」

「なるほど」

「といっても、あくまでこれらは目安。でも意識すると会話はかなり楽だよ。とはいえ……」

「とはいえ？」

「本当に会話がうまい人は、こういう分析をいちいちせずとも、会話をうまく成立させてしまうけどね。それが本当のコミュニケーション強者だよ」

コミュニケーションの要諦は「察してくれ」に甘えないこと

コミュニケーションのコツは何か、と問われれば、

「聞くことが大事」

「相手の動作を真似よ」

「共感しなさい」

といった「相手に好かれるためのテクニック」が紹介されることが多い。

だが、仕事における、真の意味でのコミュニケーションのコツ、すなわち要諦は、「察してくれ、に甘えないこと」。知人のコミュニケーション・マネジメントの研修講師が、こんな話をしていた。

＊

「新しい働き方で大事なのは『好かれるため』のものではなく、『コラボレーションするため』のコミュニケーションだよ。つまり初対面でも、人間関係がそれほど濃密でなくとも、成果が出せるような」

「ふーん……。もう少し具体的に説明してもらえないかな」

「コミュニケーションが不調で、お互いに不信感を持ったり、いがみ合ったりしているプロジェクトやスタートアップって、たいてい『察してくれ』が多すぎる」

「具体的には？」

「たとえば、上司に対して『困っていたら助けてくれるだろう』と思って助けを自分から求めないケース。結果的に締め切り寸前に『すみません、納期を遅らせてもらえませんか』と言ってモメる」

「ああっ、そういうこと」

「『こっちは困ってるのだから、上司が察してくれよ』に甘えてる、というわけ」

「なるほど」

「ちなみに、このケースの場合はもちろん上司にも非がある」

「なぜ？」

「上司の側も同じく『困ったら相談しろって、言わなくてもわかるよな。察してくれよ』って思っているからさ」

「ありがちだな」

「でも、『常識だったらわかるだろ』は、これからどんどん通用しなくなる。何せ、正社員は減る一方だし、必然的に社外の人や契約社員、場合によってクラウドソーシングを使ったりするからな。皆の背景が違えば、『察し』なんてものは過去のもの」

「そうか……」

「そのかわり、ルールと契約の重要性が増す。人が人に頼んだり、仕事を一緒にしたりするときには、どんなルールが必要かをきちんと洗い出す必要があるだろうな。で、今そういう研修の依頼が激増中だよ」

「たとえば？」

「『社員以外の人にうまく仕事を頼むには？』とか、『クラウドソーシングの使い方』とか。『他社との組み方』とか」

「なるほど……。わかりやすいね」

＊

コミュニケーション能力の高低は、仕事の成果に顕著に現れることが多い。そして、長らく日本人のコミュニケーション能力は「察し」というハイコンテクスト文化に支えられてきた。

だが「察し」に頼りすぎると、ごく小さなチームのうちは生産性が高いが、徐々にプロジェクトが大きくなるにつれて、人間関係の悪化が原因で生産性は下がる。

また、同質性の高い集団にしか、ハイコンテクストなコミュニケーションは通用しない。

しかし、日本人は多様化した。会社の中にいるのは正社員だけではないし、世代によってもまったく考え方が違うことは、多くの人が痛感しているだろう。

そのうちに「みんな、私のことをわかってくれない」という発言や、「上司は私の気持ちをまったくわかってくれない」という発言につながる。

そしてついに、「察してくれ」が高じると、それは徐々に憎しみに変わる。

なぜ期待に応えてくれない。

なぜ何もしてくれない。

こんなチームと会社、最悪だ!

となるわけだ。

＊

つい先日、自動車免許の更新に行った。

その講習の中で、「事故防止のためには、『だろう運転』から『かもしれない運転』になりましょう」と言われた。


「多分、大丈夫だろう」と自分に都合よく考えて、一方的に安全だと思い込み運転することを、一般に「だろう運転」と呼んでいます。その結果、「まさか、そうなるとは思わなかった」というような、思わぬ出来事が起きることがあります。

～中略～

人は一旦「大丈夫」と思い込むと、なかなかその考えから抜け出すことができません。できれば同乗者から指摘してもらい、気づくことが有効な策ですが、常に同乗者がいるわけではありませんし、また同乗者が気づかない場合もあるでしょう。

自分自身で、本当にその判断は正しいかどうか、考えることが必要です。

そのためには、「人が出てくるかもしれない」、「前の車が急に止まるかもしれない」など、自分が置かれている状況から、その先のあらゆる「～かもしれない」を考えて、注意を向けるようにしましょう。

（思い込みによる運転の危険性 ～「だろう運転」から「かもしれない運転」へ～

東京海上日動火災ホームページ「安全運転ほっとNEWS」より）

コミュニケーションもまったく同じ。

「だろうコミュニケーション」から「かもしれないコミュニケーション」に。

自分に都合よく思い込まず、相手にきちんと言う、聞く。面倒くさいが、それは「多様性を許容すること」のひとつの代償でもある。

第2章
なぜ、企業から「コミュニケーション能力」は求められ続けているのか

人事部が学生に「学校」と「会社」の評価の違いについてホントのところを説明した

ある企業のインターンを見た。

人事と現場の方が、かなり熱心にインターンのプログラムをつくっていたので、「仕事の実態が学べた」と、学生も満足度が高いようだった。

その最後の交流会のとき、参加した学生の１人が人事の方に聞いていた。素朴な疑問だった。

「業務内容はなんとなくイメージがつきますけど、まだ働きはじめるという実感が湧きません。とくに人事とか評価については想像がつきません。自分が仕事でやったことが、どうやって評価されるんでしょう？　きれいごとはたくさん聞きますけど、ぶっちゃけどうなのかって思います」

人事の人は、しばらく考えていた。

「そうですね……。はっきり言うと学校における評価とはかなり違います。たしかにきれいではない話ですが……、聞きたいですか?」

学生たちはうなずいた。

人事の人は、次のような話をした。

＊

まず根本的に違うのは、**評価の尺度が「勉強の成績」から「貢献度」になること。**

成績は勉強さえすれば1人でも上げられます。でも貢献度は「成果」をまわりが「認めて」はじめて貢献したとみなされます。

ここが大きな違いです。自分だけでは評価を上げられません。

ちなみに、貢献度が低い人には、言い方はよくないかもしれませんが、通常、あまり発言権がありません。

もちろん「発言するな」とは言われません。そうではなく、「聞いてもらえない」という意味での「発言権がない」です。

何を言っても、「何を生意気言っているんだこいつ」と思われます。何か言いたいなら、実績をつくるしかない。「発言力は、貢献度に比例する」ですね。

要するに、「何を言ったか」は建前として重要なのですが、「誰が言ったか」も同じように大事だということです。

2つ目の違いは、**「公平」から「不公平」に変わった**ということですかね。

学校では、先生は生徒を一応公平に見ますよね。でも、会社の人は基本的に自分にメリットのあることしかしません。

「こいつには高評価を与えよう」という動機は上司にメリットがあるからです。要するに、「上司であるオレの役に立つかどうか、オレが気に入るかどうか」で評価が決まります。

逆に、こいつは教えてもダメだなと思われたら、放置されるでしょうね。人って、冷たいんですよ。人事をやっていてよくわかるんですが、ほとんどの人は、自分にしか興味がないのです。

3つ目の違いは、**「評価軸が1つでわかりやすい」から「評価軸が複数で、わかりにくい」に変わる**ということですかね。

学校や受験は、テストの成績がすべてですし、何をすれば評価されるかがわかりやすかったですよね。

でも、会社は違います。評価軸は明示されているものもありますが、暗黙のものも数多くあります。また「何をすれば評価されるか」は普通、教えてもらえません。

はっきり言えば、「なんとなく」で判断されることがとても多くなります。

「何をすれば評価されるか教えてください」なんて言ったら、上司に『面倒なやつ』と思われるのがオチです。

4つ目の違いは、**「ルールを守る人の評価が高い」から「ルールをつくる人の評価が高い」に変わった**ということですかね。

学校はルールを守る人が褒められたと思いますが、会社は「皆が納得できるルールをつくることのできる人が偉い」です。

要するに、言われたことに従うだけではなく、上司も含めてうまく人を動かすことのできる人になりなさい、ってことです。

最後の違いは、なんといっても**「短期評価」から「長期評価」に変わった**ということですかね。

学校はせいぜい3年、長くても6年ですが、会社は3年経ってようやく独り立ちというレベルです。なんといっても働く期間は30年、40年ですからね。皆さんはようやくスタートラインに立ったにすぎません。

そういう意味では、学歴なんてしょせんは入り口がちょっと違う、という程度です。皆さんが思っているほど、学歴はたいした差ではありません。

本当に差がつくのは、これからなのですよ。

＊

自らの「貢献度」をまわりに理解してもらうこと。
上司にとって「メリットのある人物」になること。
あいまいな「評価される軸」を理解すること。

皆の納得するルールをつくること。
そして、その4つを長きにわたってやり続けること。

これらは、要するに「コミュニケーションスキル」である。社会人として働く、ということは、高度なコミュニケーションのための技術を身につけなければならない、という事実を意味する。

なぜ、志望動機が「スキルアップしたいから」ではいけないのか

ある企業から採用面接の手伝いをしてほしい、と頼まれたときのこと。

面接官たちと話をしてわかったのだが、「スキルアップを志望動機とする応募者」に嫌悪感を示す人がそれなりの数いた。

私は「スキルアップ」をなぜ嫌悪するのか、理由がわからなかった。

そこで私は、この話を知り合いの人事をやっている友人に伝えたところ、「うちでもスキルアップしたいという応募者は、ウケが悪いんだよね」という回答だった。

「どういうこと?」と聞くと、『うちが人を採用する理由は、応募者のスキル向上のためじゃない』と言って採用を見送る面接官がけっこういる」とのこと。

「ふーむ」と思う。

「では、どんな志望動機ならいいの？」と聞いてみる。

すると、「いちばんウケがいいのが、『私の◯◯の経験が、御社のビジネスに貢献できるから』という言い方かな」と言う。

私は、この「テンプレ的回答」が非常に面白いと思ったので、「つまり、利己的ではなく、会社に奉仕をするような志望動機なら、ウケがいい。そういうこと？」と聞いた。

「うーん、まあそういうことになるかな」と言った。

私はさらに、彼にこう聞いてみた。

「ちなみに、その発言の裏はどうとるか？　つまり、『本当にそう思っている』のか、『口先だけそう言っている』のか、その真偽はどうやってたしかめるの？」

彼は、少し考えていたが、こう答えた。

「いや、それは少し突っ込んだ質問をすれば、本当にそう思っているかどうかはすぐにわかる。たとえば、『具体的にはどのようなことですか?』とか、現在のプロジェクトの実例をあげて、応募者に『こういうシーンではどうしますか?』と聞けばすぐわかるだろう。ごまかしは利かないと思う」

私は納得したので、「なるほど。たしかにそうだね」と彼に言った。

しかし、なんだろうか。何か違和感がある。発言の真偽が見抜けるのであれば……。私は彼にもう1つ質問をした。

「たとえば、『スキルアップ』を志望動機にした人に対しても、『会社にどのように貢献したいですか?』と聞き、続けて真偽をたしかめれば、どのような志望動機であってもいいのではないか?」

彼は、それを聞き、沈黙した。

「うーん、まあそうかもしれないな。『スキルアップ』を志望動機に掲げたとしても、実際は会社に貢献したいと思っているかもしれない。そりゃそうだ」

「じゃあ、面接官には釘を刺しておいたほうがいいかもね。『テンプレ的回答』をした人を優先的に採用する、ってのは不合理なんじゃないか、って」


しかし、彼の回答は意外だった。


「いや、たぶんそれはないな。『テンプレ的回答』をした応募者は、相変わらず優遇されると思う」

「なんで?」

「**社会人は、「建前」と、「本音」を使い分ける能力も重要だからさ。**面接のような場で、『建前を言うこともできない』ってのは、やっぱり未熟なんだと判断されるだろうな」

「なるほど……」

「とくにうちの会社のように大企業になると、『建前』で発言するように求められるシーンがいくらでもある。それが嫌なら、うちには来ないほうがいい」

「ふーむ。なるほどね……。ちなみに、個人的に『建前』についてどう思っている?」

「**無駄に決まっているだろ**」

「なんだ、そう思っているなら、なんで変えようとしないんだ」

「変わんないよ。でも、変える必要もあまり感じない。それで人間関係が円滑になるならな」

＊

社会人のコミュニケーションとは、そういうものなのだ。

就活で「コミュニケーション能力」が重視される理由を簡潔に説明する

就活の面接において、最も重視される能力は相も変わらず「コミュニケーション能力」だ。経団連の調査（「2016年度　新卒採用に関するアンケート調査結果」）の概要によれば、現在では約9割近くの会社が選考において「コミュニケーション能力」を重視している。

おそらく、今後もこの傾向はあまり変化しないだろう。かぎられた時間の選考で「コミュニケーション能力」を適切に判定できるかどうかはともかくとして、「コミュニケーション能力」を重視する会社が多いのには、はっきりとした理由がある。

だが、その前にあらためて「会社が求めるコミュニケーション」とは何かを明らかにしたい。なぜなら、多くの学生はそれを少し誤解しているからだ。

「選考時に重視する要素」の上位５項目の推移

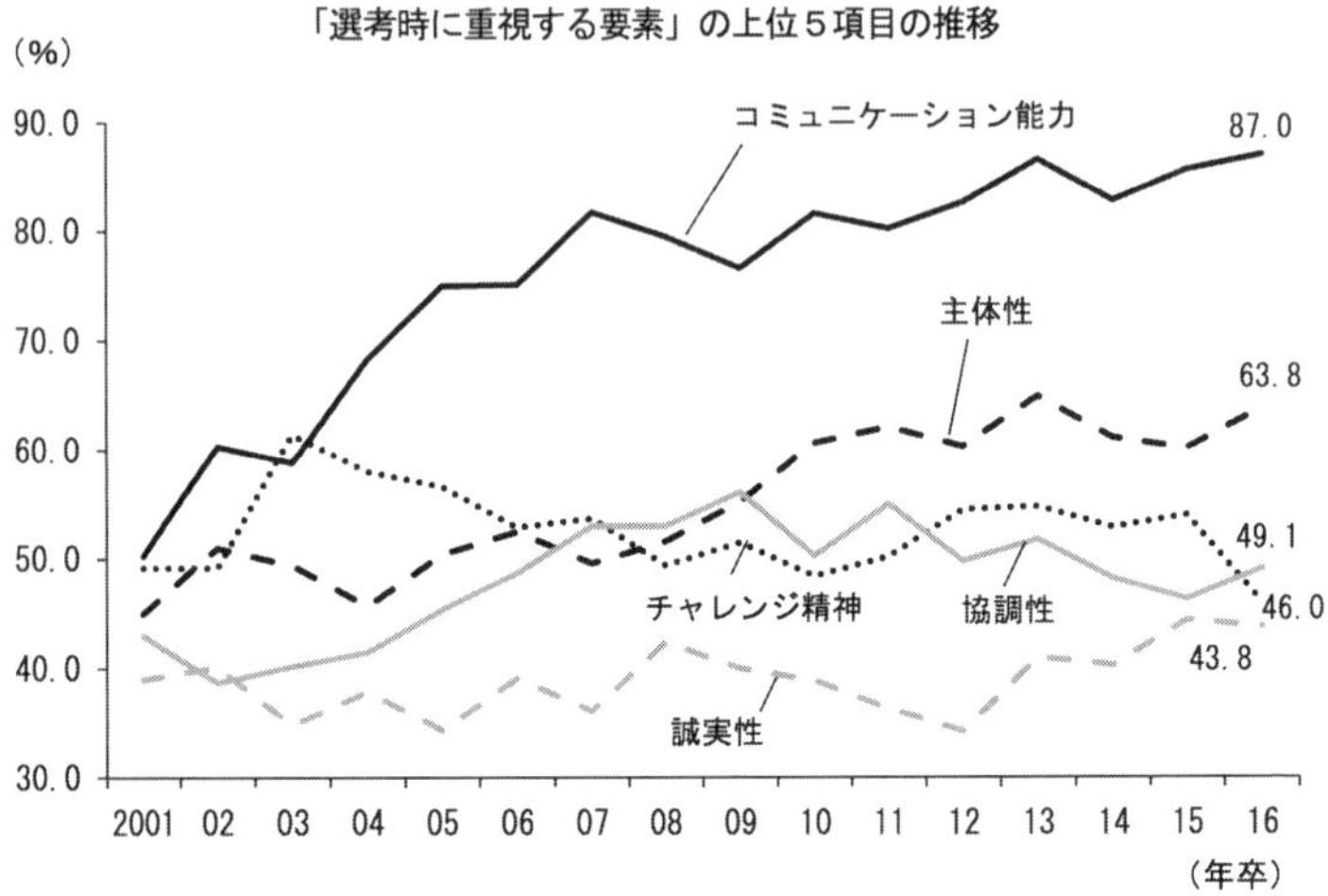

（出典：https://www.keidanren.or.jp/policy/2016/108_gaiyo.pdf）

たとえば「自分のコミュニケーション能力が高いことを証明するエピソード」を求めると、たいていの学生は、次のようなアピールをする。

「会話を盛り上げるのが得意です」
「友だちがたくさんいます」
「初対面の人とも気後れせず話せます」

そうやってアピールをする学生の気持ちはわかる。

なぜなら、彼らにとっての「コミュニケーション」は、それしか存在しなかったからだ。「一緒にいて楽しい」ということが、学生にとって必要なコミュニケーション能力の本質である。

だが、企業におけるコミュニケーションの目的は「一緒にいて楽しい」ではない。**「一緒に仕事をして成果が出る」**なのである。

ここが、企業と学生が大きくボタンを掛け違っているところだ。

では、「一緒に仕事をして成果が出る」ための「コミュニケーション能力」、すなわち企業が必要としている「コミュニケーション能力」とは具体的にいえば何か。

それは、**「自分のアウトプットを誰かに利用してもらうための力」**だ。

＊

たとえば、プログラマーになったとしよう。手元でつくっているプログラムはそのままお客さんに売ることはできない。

つくっているのは大きなソフトウェアの一部であり、これを社内の誰かに渡して、うまく利用してもらい、最終的にお客さんに届けなければいけない。

そして、「誰かに渡す」ためには、必ず高度なコミュニケーションが必要になる。

「どのように使うか」

「注意点は？」

「どのように品質を担保しているか？」

「何を目的としてつくったか？」


そういった取り決めがなければ、あなたのアウトプットはうまく利用されない。すなわち「成果が出ない」ことになる。


別のたとえをしよう。

あなたが営業用のチラシをつくっているとする。

ただ、これを使うのはあなただけではない。同僚、上司、他部門の人、社長が使うかもしれないし、他社の人がさらにほかの人に製品を紹介するために使うかもしれない。

そう考えれば、結局「あなたのアウトプットをほかの人がうまく利用できるかどうか」はとても重要だ。


「チラシを誤解なく使えるかどうか」

「表現はチラシを使う人が理解しやすいか」

「はじめてこれを見る人が正確に理解できるか」
「これを持っていく営業マンが、顧客の興味を喚起できるか」

そういったことはすべて、「コミュニケーション能力」を必要とする仕事である。

極端なことをいえば、「自分のつくったものが、そのまま売れる」ときには、あまり「コミュニケーション能力」は必要ない。

たとえば、わたしの家の近所のラーメン屋に、死ぬほど美味いところがあるが、そこの店主は「コミュ障（コミュニケーション障害の略）」だ。

だが、その店主がコミュ障であっても関係ない。ラーメンをつくるのは店主ただ１人だし、私がそれを食べることは誰に教わらなくても可能だ。

＊

現代社会は高度な「知識労働者」を必要としている。知識は専門特化したときにこそ、活かされるものだ。すると、必然的に仕事は分業となる。

すなわち、「アウトプットを誰かに利用してもらわなければ、何ひとつ成果を生み出せない」ということになる。

「知識労働」は本質的に「コミュニケーション能力」が高いことを要求する仕事になっている。

上手なコミュニケーションをとることは、じつは成果を生み出すために必須の仕事なのだ。だから、「コミュニケーション能力はあったほうがいい」ではない。**「コミュニケーション能力が高くないと、仕事ができない」のである。**

「コミュニケーション能力」の低い人は、「知識労働」に向かない、という事実こそが、企業が就活において「コミュニケーション能力」を求める真の原因なのである。

「企業が採用したい人」は「コミュニケーション能力の高い専門家」に変わってきているという話

新卒採用の時期になると、企業側は「採りたい人物像」を決める。面接でどのような質問をすれば、望ましい人物が採用できるのかを検証し、採用者の質を向上させるためだ。

この「望ましい新卒を一括で採用する」という日本独特の採用の慣行が「日本的風土の会社」を生み出してきた。


だが、「採りたい人物像」の変化が、最近では大きくなっているように感じる。たとえば、政府の統計において20年前と比べて大きく変化したのが次の項目だ。

１９９０年代との比較では、「コミュニケーション能力」（14・３%ポイント増加）、「積極性、チャレンジ精神、行動力」（10・１%ポイント増加）、「仕事に対する熱意・意欲、向上心」（８・７%ポイント増加）の割合が大きく増加した（「平成25年版厚生労働白書」より）。

ただ、統計では「本当に重要な変化」はあまり見えない。統計はあくまで「すでに起きたことの集計」にすぎないからだ。

変化の兆《きざ》しは常に現場にある。そして、その現場の感覚においては「少数精鋭」が重要であるテクノロジー系企業において「採用が変化しているな」と思わせてくれる会社が増えている。

では、どのように「採りたい人物像」が変化しているのか。たとえば、次のような変化が見られる。

1 「忠誠心の高い人物」よりも、「ネットワークを築くことのできるコミュニケーション能力を持つ人物」がほしい

ひと昔前は「会社への忠誠心が高い人」が好まれていた。

逆にいえば、「全部の時間を会社のために使え」「会社の外では余計なことをしないでほしい」「副業などはもってのほか」という人事の方の話を本当によく聞いた。

しかし、現在では「副業」「社外人脈」「SNSでの発信」への許容度が格段に上昇している。先進的な会社では、むしろこれらのことを「推奨」しているといえる。

ある会社では「Twitter と Facebook のフォロワー数と、友人数はどの程度ですか」と面接で聞いていた。

閉鎖的な「忠誠心」から、オープンな「ネットワークを築くことのできるコミュニケーション能力」に、企業の求める能力はシフトしつつある。

2 「コミュニケーション能力の高い専門家」であってほしい

昔は「専門家はコミュニケーション能力が低い」と判を押すように語られていた。

それは、専門家と非専門家がはっきりと分かれていた時代の話である。そのような時代では、専門家の言ったことを、非専門家が翻訳すればよい、という役割分担ができていた。

だが現代は、誰もが何かの専門家でなければ仕事にならない。高度に専門化された仕事が増えた現在では「何かに特化した知識」を持つ学生が歓迎される。これは文系か理系かという話ではなく、「学生時代に成し遂げたこと」が重要視されるということだ。

ただし、「専門家」はその知識を誰かが利用しないかぎり、無価値な存在である。だから今は、専門性があるだけではなく「コミュニケーション能力」が重視される。

ある人事担当者は言った。

「たぶん、優秀な学生とそうでない学生の差は、大学の1、2年生のときにはすでに埋めがたいほどついていて、就活がはじまるとそれが表面化するだけですよ。結局、我々は『どれだけ積み上げてきたのか』が見たいんです」

3 すべての社員が「リーダーシップ」を持たなくてはならない

「たぶん学生さんはリーダーシップを勘違いしていると思いますが、リーダーシップとは、リーダーをやったかどうか、人を使った経験があるかどうかで判断されるのではなく、**『成果に対する責任をどこまで積極的に引き受けようとするか』という態度の問題です**」とある人事責任者は言う。

「どんなに役職が高くても、人を従えていても、意思決定と責任を引き受けない人は、リーダーではありません」

一般的にテクノロジー系企業では、扱う内容が高度になればなるほど、上司よりも現場のほうがはるかに知識を持っている。意思決定は上司よりも現場の社員のほうがうまくできなくてはならない。

しかし、意思決定は「私が責任を引き受ける」という態度を持つ人間でなくてはできない。そのために必要なのが「リーダーシップ」である。

お気づきの方もいると思うが、こういった変化はすべて「労働集約型企業」から「知識集約型企業」への移行に伴う変化である。

そして「知識集約型企業」では、これまで以上に「コミュニケーション能力」が重視される。なぜなら、「知識」は先に述べたように、「ほかの誰かが活用して、はじめて価値を生む」ものだからだ。

このことに関して、ピーター・ドラッカーは次のように述べている。

……………………

専門家にとってはコミュニケーションが問題である。自らのアウトプットが他の者のインプットにならないかぎり、成果はあがらない。専門家のアウトプットとは知識であり情報である。

（『マネジメント【エッセンシャル版】』上田惇生訳／ダイヤモンド社）

「コミュニケーション能力」が最も貴重な能力となる時代

ある研究者と「コミュニケーション能力」について話したときのことだ。

＊

研究者の彼は言った。

「広義でのコミュニケーション能力がこれほど重要になった時代は今までになかったし、今後、コミュニケーション能力はもっと重要になる」

「なぜ？」

「その前に、コミュニケーション能力とは何か、という話がある」

私は答えた。

「人の気持ちを汲んで話したり、行動したりする能力だと思っているけど」

「それは、コミュニケーション能力のほんの一部を表しているにすぎない」

「んー、よくわからないな」

「コミュニケーション能力の本質は、人のつながりをつくり、影響を与える力だからだよ。

コミュニケーション能力の高い人は他者への影響力が大きい人、ということになる」

「たとえば？」

「たとえば、言うことがわかりやすかったり、メッセージ性の強い言葉を使えたりする人は、コミュニケーション能力の高い人だ。ほかの人に何らかのアクションを促せる。たとえば一般人でもTwitterのフォロワー数が10万、20万という人がいる。彼らはコミュニケーション能力の高い逸材だ。もう少し拡張すれば、皆が喜ぶものがつくれたり、実際に会ったことのない人のニーズを汲めたりするなども、すべてコミュニケーション能力の高さの証といえる」

「なるほど、そうかもしれない」

「学者の世界も、じつはコミュニケーション能力が必要だ。今、価値ある研究は1人で完結させることが難しくなっているからね。皆の興味があり、インパクトの大きいテーマを考えられるかどうか、これも広義でのコミュニケーション能力といってもいいんじゃないかな」

「面白い……」

「そこであらためて『今後、重要な能力』とは何かを考えてみる。もちろん、今までもコミュニケーション能力は一貫して重要だったけれど、1人の人がつながれる人数がかぎられていた世界では、個人のコミュニケーション能力の差がそれほど増幅されなかった」

「うん」

「ところが、1人がつながれる世界が際限なく広がっている今、単純作業はコンピュータが代替し、ある程度、高度な作業もAIがこなせるようになれば、記憶力や問題処理能力はむしろ個人間の差が小さくなる。では、最後に残るのは何か？ 人間に価値ありと思わせるクリエイティブな能力、要は、人のつながりをつくり、インパクトをもたらす能力、つまりは、『コミュニケーション能力』にほかならない。コミュニケーションを媒介する手段は言葉にかぎらず、絵、データ、ソフトウェア、文章、物、など多岐にわたる。それらをつなぐのはwebだ。『表現をする人』が、最も重要な存在となる」

＊

社員に「コミュニケーション能力」を要求する企業はなくならない。いや、むしろ増えている。大学入試もAO入試枠の拡大などコミュニケーション能力重視となりつつある。

それは、個人の「コミュニケーション能力」を際限なく増幅する装置、webと媒体の発達が背景にあるのかもしれない。

第3章 どうしたら「コミュニケーション能力」は身につくのか

知っていても、知らないふりをしたほうがコミュニケーションはうまくいく

私に仕事を教えてくれた方の1人に、とにかく「知らないふり」をする人がいた。

＊

彼はマーケティングの専門家であった。

どれくらい知識を持っていたかといえば、マーケティングに関する本を書き、お客さんへ具体的なアドバイスができ、講演もこなすといった具合だ。

しかし、自らがプロである「マーケティング」の領域について、彼はほとんど常に「知らないふり」をした。近くで見ている私は、いつも「何をしらじらしい……」と思った。

だが面白いことに、彼はほとんど常に相手の信頼を獲得した。

たとえば、ある会社のマーケティングの責任者との会話は、次のような感じだった。

「マーケティングに詳しいとお聞きして、ぜひ一度ご相談したいと思ったのですが」

「ありがとうございます」

「先日プレスリリースを出し、webサイトも用意したのですが、残念ながらサッパリ反響がなくて。webから多少問い合わせがあったくらいです」

「ほう。反響がなかった……」

「表現などはかなり練ったのですが」

「私も不勉強で申し訳ないのですが、この『3つの特長』という部分は、やっぱり貴社の売りの部分ですかね？」

「そうです、そうです。強調しました」

「なるほど。なるほど。難しいですね……」

「何か気になる点はありましたか？」

「いや、見当もつきません。差し支えなければ、お考えの原因などを教えていただけないでしょうかね？」


私は「マーケティングの専門家」と、彼をお客さんに紹介しているので、ハラハラしっぱなしである。「見当もつかない」などと言われたら私の立場がない。

経験的に彼はどこがマズかったのか、ひと目でわかっているはずである。だが、彼は何も言わず、お客さんは彼の言うとおりに考えていることを伝える。

「あ、はい。今、社内で原因と見られているのが、差別化の失敗です。競合のページがこれなのですが……」

「ふーむ。この表現はどのような意図ですか？」

「これは、問い合わせへの導線をはっきりさせようという意図です」

「ほうほう……。あとリリースの配信先は？　それと事前に記者たちにどんな話を……」

「んー？　私もちょっとわからないですね……。おーい、ちょっと担当者呼んできてくれ」

そして、担当者が呼ばれた。

「この表現はどういう意図ですか？」

「ここは正直、あまり深く考えていないですね」

「なるほど……」

「……」

「あと、差し支えなければ、このランディングページに関する皆さんの考え方を、教えていただけないですかね。いや、本当に勉強になります」

「もちろんです」

担当者と上司が2人で熱心に話している。

だが、彼はほとんど何も言わない。たまに質問を投げかけるくらいだ。

30分ほど彼らは話し合い、最後にこっちに言った。

「貴重なアドバイスを、ありがとうございます」

「いえいえ。じゃ、これで」

＊

お客さんが去ったあと、私は彼に言った。

「ちょっと、お客さんに何もアドバイスしてないじゃないですか。リリースを見た瞬間に、どこが悪いかわかったんじゃないですか?」

「ちゃんとアドバイスしたさ」

「……?」

「キミはアドバイスを、『知識をひけらかすこと』と思っていないか? そんなものは、誰も聞いちゃくれない」

「は、はい……」

「自分より物知りな人と会えて、うれしい……そんなわけないよ。みんな、自分の知っていることをしゃべりたい、知識を示したい。そうだろう?」

「ま、まあ」

「そうだよ。だから知識を無駄に見せない。少し疑問を投げかけるだけでいい。知っていることを話すよりも、知らないふりをしたほうがいい」

「でも……」

「でも?」

「相手が『なんにも知らない人だ』って思ってしまったら、まずくないですか?」

「今日はそうなった?」

「いえ……」

「だろう。知らないふりをして困ることなんかいっさいない。**知ったかぶりよりも知らないふり。**知っていても簡単に話さない。これが対人系の仕事の鉄則だよ」

＊

私はそこではじめて**「知っている」と「知っていることを聞いてもらえる」の溝の深さ**について、学んだのだった。

「聞き上手」は要するに「いい人」です

「話を聞く」という行為は簡単なように思えるが、多くの人が知るとおり、残念ながらきちんと聞ける人は少ない。

話し手に「ああ、聞いてもらってるな」という感覚を持ってもらうように聞くことは、相当の訓練が必要である。と同時に、じつは「人格的な部分」も問われる。それゆえ、「聞き上手」はかなりの希少なスキルだ。

とくに、マネジメント、営業、企画、マーケティングなど、「知識労働」に近い仕事はすべて、「人」との関わり合いが非常に重要な仕事だ。

だから、「聞く」スキルを持っていることは大変なアドバンテージである。

では、本当に「聞く」ために何が重要なのか。

「相づちを打つ」「相手の話が終わるまで口を挟まない」「うなずく」など、テクニック的なことが数多く紹介されているが、本当に重要なのはテクニックではない。

本当に重要なのは、話を聞くときの「姿勢」だ。

「姿勢」とは具体的に何か。一般的に人は話を聞くとき、次の4つの姿勢のいずれかだ。

1　否定してやろう、と思って聞く

これは、人間としてまだ成熟していない、子どもの態度だ。つまり、相手の話に何かケチをつけてやろう、と思って聞く人々のことだ。


「いや、筋がとおってないよ」

「結論は？」

「どこが面白いの？」

「それって自慢じゃない？」


そういう言葉を話し手に投げかけてしまう態度のことだ。

言いたくなる気持ちはわかるが、本当は言う必要のないことばかりだ。彼らは「人の話を否定することで、自分が勝った気になる」ことが、聞く目的となっている。

2　解決してやろう、と思って聞く

これは1よりも、もう少しマシである。だが、成熟した態度とはいえない。つまり、教えてやろう、と思って聞く人々だ。


「○○すればいいじゃない」

「なんで○○しないの？」

「そんなこと悩まなくていいよ。○○だし」

「簡単だよ。○○すればいいんだよ」


つい、解決するための言葉を投げかけてしまう。

多くの場合「教えてやろう」は単なるおせっかいであり、話し手は教えてもらうことを望んでいない。また、いつも教えてもらってばかりいると、依存の原因ともなる。

彼らは「人に教えてあげることで、自分が感謝される」、あるいは「自分の優越を確認する」ことが、聞く目的となっている。

3　ただ聞くだけでいい、と思って聞く

これは大人の態度である。つまり「聞くこと」だけで、相手のためになることを知っている人々だ。彼らは余計な口を挟まない。

「そうだね」
「わかるよ」
「同情する」
「大変だったね」

根底にあるのは「話し手へのやさしさ」だ。「私は話し手を癒すために、ここにいる。解決はこの人が自分の力でできるはずだ。そして、そうあるべきだ」と聞き手は考えている。むしろ、そう考えていなければ「聞くだけ」なんて、とてもできることではない。
人は、自分の話が大好きだ。逆に、ほかの人の話には興味がない。それを乗り越えた人が「聞くだけでいい」という人たち、大人だ。

4　自分の中に取り込もう、と思って聞く

これは大人の先にある、真の聞き上手たちがやっていることになる。

聞くだけでいい、と思っている人は相手へのやさしさが主となっていたが、これは「話し手への敬意」がベースとなる。端的にいえば「相手から学ぼう」と思っている人たちだ。

「へえー、そう考えたんだ。面白いね」
「もっと教えてください」
「勉強になるよ、次はどうしたの？」
「ええー、意外だよ、なんでそんなことを思ったの？　詳しく聞きたいんですけど……」

根底にあるのが「相手への敬意」なので、相手も自分の話が非常にしやすい。そして「聞いてもらっている」という感覚ではなく、おそらくは「話し合っている」という感覚になるだろう。

私の知る中で最も聞き上手な方は、**「相手の話を聞くには、自分の中にそれが入る『スペ**

ース』が必要で、それができるようになれば一人前。相手への信頼と愛がなければできない」と言った。

たしかに4以外は、すべて、「話し手＞聞き手」という上下関係が存在するようにも見える。

＊

とかく「相手の話を聞け」と言われることが多い現代だが、本質は人格の問題なのだ。テクニック論に終始するようであれば、一生その世界は見えないだろう。

「1を聞いて10を知る人」になるためのコミュニケーション術

1を聞いて10を知る。

そういう言葉がある。ご存知のとおり、わずかなことを聞くだけで、多くのことを理解する人を形容するときに使われる言葉だ。

＊

数は少ないが、昔の部下の中にもこのような人物がいた。

たとえば、先輩から「ダイレクトメールのつくり方」を習ったとする。

当たり前だが、普通の人はダイレクトメールのつくり方を習っても、提案書や企画書をつくれるようにはならない。それは「別の知識」だからだ。

しかし、中には頭のいい人がいて、「ダイレクトメールのつくり方」を習っただけのはずなのに、「提案書」「企画書」「報告書」「マニュアル」の作成すべてに、それらのノウハウを活かすことのできる人がいる。

そういう人は、「1を聞いて、10を知る人」である。わずかな入力から、大きな出力を得られる彼らは基本的に仕事ができる。

では、彼らはいったい何をしているのだろうか。

「頭がいい」とひと言で片づけず、彼らに学ぶところはないのだろうか。

そう思っていたところ、その「1を聞いて10を知る」タイプの人が、仕事をどうやっているのかを観察する機会に恵まれた。

たとえば、新人の営業マンが先輩から営業を習っているとする。

「営業にとって、最も重要なのはお客さんの話を聞くことです。要望をきちんと聞くことで、お客さんから信頼してもらえます」

そう先輩が言うと、普通の人は「なるほど。それならどうやって聞けばよいのか教えてください」と思うだろう。だから「質問はありますか？」と聞いても、ほとんどの人は無言だ。

だが、私が観察したところでは「1を聞いて10を知る人」は、このように発想する。

「なぜ、聞くことが重要なのだろうか？」

「そもそも聞くことではなく、話すことが重要なシーンはあるのだろうか？」

「そもそも『聞く』という行為は、私が知っている『聞く』という行為と同じなのだろうか？」

「要望とは何か？」

「信頼が得られた、というのはどのような状態を指すのか？」

彼らは、とにかく「当たり前」をそのまま流さない。彼らは先輩から話を聞くと、必ず質問をするのだ。

「1を聞くと、10の質問が浮かぶ」のが、「1を聞いて10を知る人」の実態である。

もっといえば「当たり前」とか「前提」とされていることを一度疑ってみる姿勢が、「1を聞いて10を知る人」が実際にやっていることである。

要するに、**自分の知識を俯瞰《ふかん》し「わかっていない部分がわかる」のが、「1を聞いて10を知る人」だ。**

難しいことだと思うだろうか？

じつはそんなことはない。先述した新人営業マン向けの講習会では「質問を必ず10個以上するように」という制約を新人に課したところ、あっという間に目覚ましい効果が出た。端的にいえば、理解力と、創造性が高まったのだ。面接で「よい質問をする人がほしい」とする面接官が多いのも、うなずける話である。

＊

コミュニケーションとは、決して一方通行のものではない。双方向のコミュニケーションを活用する人こそ、1を聞いて10を知る人なのだ。

「悩みを相談できる人がいないんです」と言う人は、「相談ベタ」を直すといいですよ

会社員でも、起業家でも、フリーランスであっても、多くの人が抱える共通の悩みが1つある。

それは「悩みを相談できる人がいない」という悩みだ。

仕事で悩んでいる、でも上司には言えない。こんなことを言ったら「弱音は聞きたくない」と言われるかもしれないし、評価に悪影響があるかもしれない。

かといって、配偶者やパートナーに相談しても、ビジネスの感覚が違ったり、状況を理解してもらえなかったりして「そんなに気にすることないじゃない」という程度のアドバイスしかもらえない。

それでは友だちに相談しようと思っても、「弱みを見せたくない」や「自分の話なんてつまらないので迷惑だろう」とそれも躊躇《ちゅうちょ》してしまう。

そんなふうに「抱えっぱなしで話せない」まま、フラストレーションを抱えて働き続ける人をよく見た。

しかし、そんな状況はつらいものだ。だから「相談相手の探し方」のノウハウに飢えている人は多い。

知人が「メンター」についての記事を書いたとき、「メンターって、どうやって探せばいいんですか？」という質問が数多く寄せられたということからもそれがわかる。

しかし、である。

だいたいの場合において、そのような状況は「まわりに適切な人がいない」のではなく、「自らがつくり出している」というケースもまた多い。「結婚相手が見つからない」と言いつつ、そのじつは「自分に原因がある」ケースも多いのとまったく同じである。

つまり、「悩みを相談できる人がいない」のではなく、「悩みを相談するのがヘタ」な場合が数多くあるのだ。悩みを相談するのがヘタだと、まわりにどんないい人がいても、「相談できる人がいない」と感じてしまう。

では、「相談ベタ」はどのように解消するのがよいのだろうか。

これは、私のかつての先輩の話が役に立つだろう。

私が仕事で行き詰まっているのに、相談しないことを心配した先輩が、私にアドバイスをくれたときの話だ。

＊

「相談がヘタなやつって、どんなやつだと思う？」

「……なんとも言えないのですが、自分をさらけ出せない人とかでしょうか？『私、自分のことを話すのが苦手です』というような」

「残念！　違います」

「え!?」

「自分をさらけ出せる人なんて、めったにいないって。それが相談できる人の条件だったら、ハードルが高すぎるよ」

「……うーん。プライドが高い、とか？　それを言われるとイタいですけど」

「プライドが高くても、相談がうまい人はたくさんいるよ」

「そうですか？」

「社長だっていろいろな人に相談してるじゃない。でもプライドは高いと思うよ」

「なるほど……。では友だちが多い、とか？」

「友だちが多いか少ないかも重要じゃないよ」

「……ギブアップです。さっぱりわかりません」

先輩は言った。

「相談ベタってのはね、悩みがはっきりしないと相談してはいけない、と思う人のことだよ」

「悩みがはっきりしないと!?」

「たとえば、仕事のことでなんとなくモヤモヤしているとする。でも、なんでモヤモヤしているのかわからない。そんな状態ない？」

「あります」

「そこですぐに誰か捕まえて、相談しちゃうのが『相談上手』」

私は即反論した。

「そんなの迷惑じゃないですか。悩みがよくわからないのに相談したら、時間ばかりかかって一向に解決しないですよ。相談するなら、何を相談したらいいかをまとめて、自分の中で課題をはっきりさせておかないと」

先輩は首を振った。


「違うね、それは相談じゃない。それは会議だ」

「会議？」

「そう。会議。相談ってのは、もっとアバウトなんだよ。モヤモヤっとして、何が課題なのかもわからない、でも悩んでいることはわかる。そんなときにとりあえず誰かに話してアウトプットしてみる。それが相談」

「相談を受けるほうも大変ですね」

「そう。裏を返すと、相談したい内容がはっきりしていないと嫌な顔をする人には、相談しちゃいけない。その人は問題を解決してドヤ顔したいだけだから」

＊

私はたしかにそのとき、自分が「相談ベタ」であることを自覚した。そして、人の相談を受けるのがヘタであった事実も合わせて知った。

「きちんと質問できる人」になるための5つのポイント

若手は、仕事の秘訣として「人に聞け」と教えられることが多い。

「自分で考える前に質問をしに来なさい」

「質問することが大事」

そう言われる。

余談だが、Googleでは、新人のオリエンテーションで5つの行動指針を教えていて、その1つ目は「質問する。とにかく質問する!」である(『ワーク・ルールズ!』ラズロ・ボック/鬼澤忍・矢羽野薫訳/東洋経済新報社)。

だが、それを素直に信じて質問をしたとしても、その人の評価ははっきりと2とおりに分かれる。

「すぐに聞きに来る、できる人」と「自分で考えない、ダメな人」である。

同じように質問しているはずなのに、何が評価を分けるのだろうか。

観察すると、「すぐ聞きに来る、できる人」の質問には次のような特徴があることがわかる。

1 自分の意見を持って質問している

できる人は、「私は◯◯と思うのだけど、どうか？」と自分の意見を持って質問をする。これは、どこまでわかっているのかを相手に伝えるためにも有効である。そのために、質問をするときはあらかじめ、「自分は何がわからないのか？」を紙などにまとめておくとよい。

2 何度も同じことを質問しない

きちんとメモをとり、同じことは二度聞かずに済むようにする。何度も同じ話を聞かれると、誰でもイラつくからだ。

3 「どうすればいいですか?」と言わない

「どうすればいいですか?」は、相手に進め方を委ねており、主体的でない受身の姿勢の質問である。したがって、この質問をしたくなる気持ちはわかるが、この質問をすると頭が悪そうに見える。

そのかわり、できる人は「○○についてやり方を知りたいのですが、聞きたいのは、手順と、作業ごとのポイントと、最終チェックの方法です」と、聞くべきことを絞って聞く。

この聞き方は、主体的に自分がやるべきことを整理する努力をしている。

4 教えてもらったことを確認する

教えてもらったことを一度で理解できる人はほとんどいない。したがって、教えてもらったことは、自分の言葉に直して、最後にかならず確認する。

確認のためには、自分で咀嚼《そしゃく》してアウトプットしなければならないので、理解が深まる。

逆に、確認することがわからないときは「理解していない」とみなす。

5　目的を添えて聞く

人に尋ねるときは、質問する目的を添えると、質問の精度が上がる。

「Googleアナリティクスの見方を教えてほしい」とだけ言うのと、「コンバージョン率を上げたいので、Googleアナリティクスの見方を教えてほしい」と言うのでは、自ずと回答も変わってくる。

＊

余談だが、上司や先輩は「聞きに来ない」と部下に責任を押しつけがちだが、「聞きやすい雰囲気」をつくり出すのはけっこう難しい。

なので、「質問がヘタ」なのは、必ずしも本人だけのせいではないということを申し添えておく。

「話が浅い」とはどういうことか

人と話をしていて、「話が浅いなあ」とあきれることは誰にでもあるだろう。

そして、これは話の中身によらない。漫画の話で驚くほど深い話になるときもあるし、哲学に関して浅い話しかできない人もいる。アイドルのことで深い話をする人もいれば、政治について恐ろしく浅い話しかできない人もいる。

誤解しないでいただきたいのだが、もちろん「浅い」のが悪いかといえば、とくにそういうことでもない。

カジュアルに楽しむ場で深すぎる話をされても困る。逆に、議論をしなければならないときに話が浅いのも困る。まあ、バランスだ。

ただ、会社において「こいつは薄っぺらい、浅い話しかできない」とみなされてしまうと、仕事ができないと思われる。それではいろいろと困るだろう。

だから、「浅い話」はなぜ浅く聞こえるかを知っておいても悪くはない。大きく次の4つのパターンに分かれる。

1 言葉の意味をよく考えずに使っている

ある面接で、こんな話があった。

「志望動機は?」と聞かれた応募者が「はい、御社の事業戦略を見て、私の◯◯のスキルが役立つと思いました」と言ったのだ。

役員は苦笑して、こう言った。

「うん、webをよく見ていただけているのはありがたいのですが、うちは『戦略』という言葉を使っていなかったはずです。あなたは『戦略』という言葉をどのような意味で使っていますか?」

応募者は答えられず、「あまり考えて言葉を使っていない」ことが露呈してしまった。

また最近、比較的多用されるようになった外国語は、まだ日本語に対応する言葉がないことも多い。

・イシューは「問題」と訳してよいのか？
・リスクは「危険」なのか「可能性」のことなのか？
・コミットは「約束」と訳すべきか？

外資系の人間が、タレントのルー大柴氏の持ちネタのような日本語を使うのは「それにあたる日本語がないから」ということもわかるが、あまり考えずに使うと真剣に考えている人にとっては「浅く」見える。

知らないことは、知らないと言ったほうがまだいいのだ。「勉強不足です」と言うほうが、「浅い」と言われるよりはまだよいだろう。

2 成り立ちを知らない

たとえば、「終身雇用はもうダメ」という説があるが、これについて深い議論をするためには、「終身雇用が導入された経緯」や「終身雇用が広がった理由」を知る必要がある。

現在うまく機能していないものであっても、過去にそれが導入されたときは皆がそれを有効であると考えたのだ。

たとえば、今は人道的に否定されている「奴隷制」も、古代ローマでは積極的に用いられていた。そして、ついこの前までアメリカにも数多くの奴隷がいたことを考えれば、「奴隷制＝悪」は、比較的現代の考え方である。

したがって、彼らはなぜ「奴隷」を用いたのか、なぜ彼らはメリットがあると考えたのか、当時の状況を知らなければ、奴隷制の意義について議論はできないはずである。

感情論のみで「奴隷制は悪だからダメ」では話にならない。

またヨーロッパ人がなぜ、ほかの大陸の人々を征服できたのか。なぜ逆ではなかったのか。アメリカの先住民がヨーロッパを征服していてもよかったはずである。

「浅い」話では「西洋人が優秀だから」という単純すぎる解釈があるが、歴史学者のジャレド・ダイアモンドは著書『銃・病原菌・鉄』（倉骨彰訳／草思社）の中で、地理的要因、利用可能性の高い生物種の存在、気候変動など、複雑かつさまざまな要因をあげている。

考え方やものごとの善し悪しには必ず二面性があり、片側しか見ないのは「浅い話」のはじまりである。我々は常に「成り立ち」を積極的に知ろうとしなくてはならない。

一見すると不合理な制度に見えても、それが採用された当時の状況では極めて合理的だったのだ。

3 根拠が薄弱

話の根拠が薄弱な人がいる。

たとえば、マーケティングの会議で「なぜ主婦をターゲットにしたのか？」と聞かれたとき、「テレビで、主婦のお客さんが多いと言ってた」と言う人がいた。「それ以外は？」と聞かれると「それ以外はない」と答える。

もちろん、テレビの情報をあてにするのはダメだ、と言うつもりはない。

そうではなく、問題なのは複数の情報源にあたらないことだ。webで調べてもいいし、文献にあたってもいい。専門家に聞きに行ってもいい。「浅い話をする人」は、とにかく「情報を信じすぎる」のだ。

人を疑わないのは美徳ではあるが、テレビであっても間違うし、webは正確な情報が書いてあるとはかぎらない。専門家は自分に都合よく解釈することも多い。

さまざまな文献にあたって、自分なりの見解がイメージできるくらいでなければ、「浅い」話に終始する。

ある飲食店では、店の主人が「国産だから安心ですよ」と客に向かってアピールしていた。だが、「国産だから安心」の根拠はどこにあるのか、何が安心なのか、肝心な部分はさっぱり見えてこない。イメージだけで語ると「浅い」話となる。

4 権威に頼った物言い

「浅い」話の特徴のひとつは、「権威」がよく出現することだ。

権威を使うこと自体は悪くない。問題は「権威がなぜこのように述べているのかの理由を知らない」のに、権威を引き合いに出すことだ。

「成功している社長の○○さんが、ダメって言っていましたよ」

「へえ、なんで？」

「よく知らないですけど、〇〇さんが言っているなら、間違いないでしょう。疑うのですか？」

「（浅いな……）あなたはどう思いましたか？」

「あの人は大きく成功していますからね。信じますよ」

「（ダメだこいつ……）そうですね。ま、あなたがそう思うならいいと思います」

「いや、〇〇さんが言っているんですよ」

「理由を知らないのでは、そのまま信じるわけにいかないですよ」

「あなた、本当に素直じゃないですね！」

「そういう問題じゃないでしょう……」


我々は成功者の言うことを盲信しがちだが、認知心理学的には、それは「後知恵バイアス」と呼ばれるバイアスの一種である。

「成功者の言うこと」「権威の言うこと」は、正確な記憶に基づくものとはいえないことも多いと知るべきだ。

＊

繰り返すが「浅い話」が悪いとはいわない。浅い話をいちいち批判するのは単なる「面倒なやつ」だ。

だが、議論や考察をする際にそれではまずい。きちんと使い分けよう。

第4章

「コミュニケーション能力」を高めるために、日頃からできること

人にアドバイスをするときに厳守すべき6つのステップ

私はコンサルタントを十数年間やってきたので、顧客へアドバイスすることを生業としていた。

だが恥ずかしながら、すべてがいいアドバイスであったかといえば、おそらくそうではない。正直にいうと、私に知識と経験が不足していたがゆえに、まったく顧客の役に立てなかったこともしばしばあった。

だが、もっと悪いのは、アドバイスのやり方を知らなかったがゆえに、「相手に話を聞いてもらえない」ときがあったことだ。

人へのアドバイスは非常に難しく、気をつかう。

また、若造の言うことを、業界経験何十年というベテランが聞く、という状況自体がそもそも普通に生活していればありえないシチュエーションであるため、「人に話を聞いてもらう」ための練習を積まねばできるようにはならない。

したがって、社内では何度も何度もシミュレーションを行い、できるだけ話を聞いてもらえる状況をつくり出すスキルを身につけるべく、練習を重ねていた。

具体的には、話を聞いてもらうために、次の6つのステップを踏む。

STEP1　「解決してほしいのか？」「聞いてほしいだけか？」を判別する

クライアントと話すときの最初の重要な判断だ。聞いてほしいだけのときは、アドバイスの必要はない。

実務的には、「話をお聞きするだけなら、できます」と言う。アドバイスは「アドバイスがほしい」と求められたときだけ行えばよい。

経験的には、アドバイスを好んで聞く人は少数である。人は他者の課題には敏感だが、自分の課題は棚に上げるのだ。

STEP2　相手の話を聞く、相手がやりたいことを聞くために

現場では「どうすればよいか、アドバイスがほしい」と言われたときですら、じつは「あなたの解決策を聞きたい」と言われているわけではない。

では、相手の真意はどこにあるのか。

実際に相手が聞きたいのは、「私がやろうと思っていることは正しいかどうか、少し意見がほしい」である。

だから、実務的には「もうすでにやろうと思っていることがあるのではないでしょうか？」と言うことが正解である。

「アドバイスがほしい」と言われ、調子に乗って自分の考えるアドバイスをすると、たいていの場合嫌われる。

STEP3　相手がやりたいことに対して、「何が引っかかっているのか」が肝心

「やりたいことをわかっているなら、やればいいじゃない」と言いたくなるが、グッと我慢しよう。もちろん、それは本人もわかっている。

やりたいのに、できないからあなたに聞いているのだから、そこには悩みが存在している。

だから、実務的には「何か気になることがあるのですか？」と言う。

ここでようやく、「本当に相手がアドバイスを求めていること」が判明する。

STEP4　解決策をすぐに提示せず、相手が本音を語るのを待つ

ようやく悩みを話してもらえ、あなたは相手の心の悩みを知ることができた。が、まだあなたの解決策を提示してはいけない。

次にすべきは、相手に心中を整理してもらうことだ。この段階になって、相手もようやく「自分が何に悩んでいるか」を、自ら整理し出す。

だから、実務的には「今までに考えたことや、試したことを共有させていただけないでしょうか？」とそっと言う。

きっと、相手は本音をぽつりぽつりと話してくれるだろう。

STEP5　成果が出なかった原因を相手に考えてもらう

「今までに考えたこと、試したこと」を話してもらえたら、もう1つ相手に質問をする。実務的には、「なんで、あまり思いどおりにいかなかったのでしょう?」と聞く。

相手は問題の核心だと思っている点について述べる。ここで、ようやくアドバイスをする準備ができる。

STEP6　自分の意見を言わない

ここまできて、ようやくあなたが話す番になる。全体の時間を10とすると、相手が話している時間が9で、あなたが話す時間はせいぜい1だ。

だが、ここで注意点がある。ここでも「あなたの意見」は求められていない。あなたがよっぽどの権威なら聞く人もいるかもしれないが、一般的にはそうではない。

あなたがアドバイスしたいことは、「事例」や「昔の偉い人の話」などの他者の話に変換する。直接的なメッセージは、相手を非難していると受け取られるケースが多々あるからだ。

非難されていると思った瞬間、相手は聞く気を失う。

「私が以前担当した顧客のケースでは……」
「○○の経営者の○○さんが言っていましたが……」
「この本には○○と書いてありまして……」

もちろん例外もあるが、そういったたとえ話は、「○○してください」や「○○すべきです」といった直接的な表現よりも相手の心に届く可能性が高い。

＊

「どんなにいい話でも、相手が聞く気にならなければ、ただの戯言《ざれごと》だ」と私は先輩に教えられた。私もまったくもって、そのとおりだと思う。

知識レベルに格差がありすぎると、「普通に話しているだけ」なのに相手にとっては「バカにされている」ように感じる

iPhoneが故障したので、アップルストアにiPhoneを修理しに行った。

故障診断の予約ができなかったので、「当日枠」に入るため、アップルストアまで出かけ、15分くらい待たされたが、無事にiPhoneを診てもらえることになった。

＊

修理の対応をしてくれるアップルストア内にあるGenius barに行くと、「あちらの机の席にかけてお待ちください」と言われた。担当者が来るまで、しばらく時間があったのでまわりの人たちを眺めていると、何やら向かいの席が騒がしい。

見ると、初老の夫婦がアップルのスタッフに対して、声を荒げている。

ついに、初老の男性がキレた。

「なんでおまえはそんなに上から目線なんだ！」と大声で怒鳴る。女性も「スタッフを替えて！」と大きな声でまわりにアピールをしており、周囲が少しざわついた。

アップルのスタッフは去り、初老の夫婦だけが残された。

彼らは「なんでこんな上から目線なんだ、バカにしやがって……」と話していた。話がすべて聞こえてきたわけではなかったので、私に正確なところはわからない。

だが、様子を見ていて感じたのは次のことだ。

・初老の夫婦は、アップルのスタッフの言っていることをあまり理解できていないようだった。おそらくコンピュータにかなり疎《うと》いと思われる
・アップルのスタッフは丹念に説明しようとはしていたが、相手の知識の程度が低く、イラついていたようだった

おそらく「知識のあるスタッフ」の説明が、「コンピュータに疎い初老の夫婦」にとっては見下されているように感じたのだろう。

お互いに不幸な、コミュニケーションの不調だったように感じた。

正直にいえば、初老の夫婦は少々短気で、スタッフに対する礼儀を欠いていると感じた。スタッフに対する口調も高圧的で、一種の「クレーマー」的なものを含んでいた。

忙しい中で、あのような人々を相手にしなければならないアップルのスタッフには頭が下がる。

だが一方、逆の視点から考えると、「アップルのスタッフが上から目線だ」という老夫婦のクレームは、必ずしも理解できないものではない。

知識レベルに格差がありすぎると、「普通に話しているだけ」なのに相手にとっては「バカにされている」ように感じることが多々あるのだ。

＊

たとえば、あなたが情報システムに疎い場合、情報システムに詳しい人たちの説明が、「妙に上から目線だ」と感じたことはないだろうか。

病院に行ったとき、無愛想な医者が「上から目線だ」と感じたことはないだろうか。学者の講演が「上から目線だ」と感じたことはないだろうか。

事実として、知識レベルに格差がありすぎると「普通に話しているだけ」なのに相手にとっては「バカにされている」ように感じることは多く見られる現象である。

これは、「知識を扱う人」は、よほど気をつけなければならない。

実際に、営業活動においては「提案の中身」よりも、「言い方」のほうがはるかに重要であるようなシーンも多い。

だから当然、知識を持つ側の人は、そこで「勉強しない人が悪い」と思ったり、「知識がないからバカにされて当然」といった態度であってはならないだろう。

ピーター・ドラッカーは「知識ある人の責任」について、こう述べている。

知識ある者は、常に理解されるように努力する責任がある。素人は専門家を理解するために努力すべきであるとしたり、専門家はごく少数の専門家仲間と話ができれば十分であるなどとするのは、野卑な傲慢である。大学や研究所の内部においてさえ、残念ながら今日珍しくなくなってきているそのような風潮は、彼ら専門家自身を無益な存在とし、彼らの知識を学識から卑しむべき衒学に貶めるものである。

(『プロフェッショナルの条件』上田惇生訳/ダイヤモンド社)

アップルストアのスタッフも、おそらく「話し方」についての訓練を受けているとは思う。が、「スマホの操作に疎い老人」たちが「上から目線だ」と憤《いきどお》っていたのは、ある意味必然だろう。

それは、アメリカの大統領選で起きた「エリートが嫌い」「インテリが嫌い」という感情的な反発と構図はまったく一緒である。

自慢話を聞いてもイラつかないで済む方法

人の自慢話を聞いていると腹が立つ、という人はけっこういるのではないだろうか。

つい先日も会合で、

「アイツ、自慢ばかりでムカつく」

「彼はさりげなく自慢話を差し込んでくるよね」

といった話で盛り上がっていた。


社会人になると、さまざまな人との付き合いが増え、自慢を聞く機会も増える。しかし、そのたびにムカムカしなければならないのはどう考えても損だ。

そんな人に、「自慢話を聞いてもイラつかないで済む方法」がある。

昔、先輩から教えていただいたものだが、これもコミュニケーション能力のひとつだと思うので、ムカムカして気分が悪くなったときにやってみてほしい。

＊

先輩は言った。

「自慢話を克服するためには、まず『自慢話とは何か』を知らなくてはね」

「……」

「まず、自慢話の定義は『相手の劣等感を刺激する話』のことだと思う」

「そんなもんですかね」

「そう。だから、興味がないものは自慢に聞こえない。劣等感があるからムカムカする。うらやましいと思うから、嫌な話に聞こえる。自慢話は自分の欲望と素直に向き合う機会だ。つまり、**自慢話を軽く聞けるようになるには、自分の中の劣等感と向き合うことが肝心だ**」

「なるほど……」

「そう考えると、相手は自慢をしているつもりがなくても、こっちが勝手に自慢と思ってしまっていることもたくさんある。とくに上に立つ人は、妬《ねた》まれることはできるだけ避けなくてはいけないから、『謙虚に振る舞え』と言われる」

「で、具体的にはどうすればいいですか？」

「**人の話を聞いて、『あ、なんかザワザワするな』と思ったら、まずは自分の欲を掘り出す。**なぜ話を聞いてイラッときたのか、本当にそれがうらやましいのかを冷静に考えると、意外に『あっ、とくにうらやましくないわ。隣の芝が少し青く見えただけ』ということはよくある」

「ふーん……」

「正体が見えてしまうと、対処は難しくない。『あっ、別にいらないわ』で終了。『昔の武勇伝』なんかは、これでサクッとかわして、メシに集中すればいい。そして、逆に『超うらやましい』と思ったら、そのときは謙虚に『学べることがあるか？』と振り切ってしまうのも楽になる。ノウハウを入手するチャンスと思えば、それほど面倒でもない。そのときは『教えてください』でOK」

「なるほど」

「あと最後の1つは、**『むしろ、かわいい』と思ってしまうこと**」

「どういうことですか？」

「自慢話をしたら普通は嫌われる。でも皆それを知っているのに思わずやってしまう。『こんな人でも褒められたいんだな、人間なんだな』って、思えば腹も立たない。突き抜けるとむしろ『かわいいいなこの人』とだんだん思えるようになる」

「本当ですか？」

「本当だよ。試してみな。だって、自慢話をするようなやつは間違いなく小物だから。どんな成功者でも、自慢ばかりしているようでは……ね」

＊

コミュニケーションの技術にもいろいろあるものだ。「自慢話をスルーする術」も、それなりに役に立つのだろう。

マウントしてくる人はかわいい

「あたしのほうがすごいのよ」

「オレのほうがカッコいいぜ」

そうやってすぐにマウント（マウントポジション）をとろうとしてくる人がいる。いわば、優位な状況を誇示しようとする人のことである。

はっきり言って、**超かわいい。**

まず、勝ち気なのがかわいい。

「あ、この前、僕も20億円ぐらいの取引まとめましたよ。今も3つくらい同時にやっています」

なんて、最高のフレーズだ。

「負けないぞ！」という気迫をひしひしと感じるし、「自分のスゴさを知らせたい」というプレゼンテーションを力強く、熱心に、あんなに長時間やり続けることのできる熱意もいい。人が何かに打ち込んでいる姿は感動を覚えるけれど、マウントしてくる人にもまったく同じものを感じる。

やる気も気力もない、ヌケガラのような人と比べて、マウントしてくる人はなんとハツラツとしていることだろう。そう、**そういう人たちと会うと元気をもらえる**のだ。

次に、「聞いてほしい」と訴えてくるのがかわいい。

自分の子どもが「ねえ〜きいてきいてよー、おとうさん〜」とねだってくるのと同じで、もう**抱きしめたくなる**。

「ぼく、あの芸能人と知り合いなんすよ！」

なんて言われると、もうグッとくる。そうかそうか、そうかー、よかったな〜、うんうん、その芸能人と親交を深めた話、もっと聞かせてほしい、もっと語ってほしい、そういうふうに思ってしまう。

「この前、マジでヤバイ金持ちの家に遊びに行ったんですよ、で、その家が～」

みたいなフレーズを聞かせてくれた女性、**はっきり言って最高です。**

そして、超絶上から目線なのがかわいい。

「えー、こんなことも知らないんですか？」

なんて言われると、ゾクゾクする。「そう、それ、そのひと言を待ってました！」って感じだ。とくにMの気質がある人でなくとも、**上から目線はたまらなく愛しく見える**のではないだろうか。

しかも、今朝のニュースサイトに掲載されていた記事を、さも「僕だけが知ってます」的な感じで

「業界の人たちは皆、知ってるみたいなんですけど～」

なんて言われた日にはもうヤバい。

「ええ？　本当？」と思わず知らないふりをして、その人の**上から目線をできるだけ長く楽しみたい**、そう感じてしまう。

さらに、勉強家なのがかわいい。

そういう人は欠かさずFacebookのタイムラインに目をとおし、インスタグラムでちょっとイケてる人をフォローし、夜の交流会にも足繁く通う。そうして勉強した知識を活かして、こんなふうに言ってくる。

「おまえもそろそろインスタはじめないとヤバイよ！」

素晴らしい。

そんな人のおかげで僕らは最新の情報にアクセスできるし、何が流行っているかを知って、適切に行動できるのだ。

彼らはアンテナを高く張っているので、ベストセラーや全米ナンバーワンの映画にも詳しい。そういう人に感想を教えてもらえば地雷を踏むことを避けられるのだ。

そして仲のよい友人になってくれるから、ホントにかわいい。

世の中にはなぜかマウントしてくる人が嫌いな人が多いので、**「この人、かわいい」と思って付き合うだけで友人になってくれる。**

でも残念ながら、仲よくなるとなぜか「マウントの回数」が減ってくる。

もっとマウントしてほしい、もっと自慢してほしい、そう思っているのに、マウントしてくれない。

「最近マウントしてこないね」って聞くと、「オレそんなことしてないし」と言う。

やっぱりかわいい。

人に仕事を依頼するのが上手な人は、こうやって頼んでいる

人に仕事を依頼するのが苦手な人はけっこういる。

たとえば、管理職になったにもかかわらず「自分でやったほうが早い」と手を動かしてしまう人が数多くいるが、それではマズい。人にやってもらわなくてはならないのが管理職である。

したがって、相手にこちらの依頼を確実に遂行してもらうためのコミュニケーションスキルは、必須であるとともにマネジメントの要諦でもある。

だが、「こちらの依頼を確実に実行させる」とひと口にいっても、その実践はそれほど簡単ではない。

＊

簡単な打ち込み作業を、あなたがアシスタントにお願いするとしよう。

「こちらの営業資料のデータを、急ぎで、エクセルに打ち込んでほしいんだけど」

アシスタントは言う。

「今日はけっこう忙しいんですが……」
「夕方までになんとか！」
「わかりました……」

しばらくしたあとに様子を見ると、期待どおり打ち込まれている……と思いきや、少し見ていくとなんかデータがおかしい。
「ここ、間違っていますよ」と指摘すると、「あ、すみません」と直してくれた。

だが、あなたは少し不安だった。もう数箇所、データを細かく見ていくと、ほかの部分も少しずつミスがある。

おいおい……、ミスだらけじゃないか……。不安になってアシスタントの人を呼ぶ。

「これ、ほかの場所にもけっこうミスがあるけど、きちんとチェックした？」

「いえ、急ぎだとうかがったので、ひとまず打ち込みました。ミスが多少あるかもしれません」

「かもしれません、じゃないよ。これって大事な営業のデータだよ。間違っちゃ困るんだよ」

アシスタントはムスッとしている。

「わかりました。もう少しお時間をいただけますか」

あなたは疲れてつぶやく。

「こんなの、言わなくてもわかるだろうに……」

＊

さて、何が悪かったのだろうか。

もちろん、アシスタントの責任にすることもできる。「仕事に取り組む姿勢がダメなのだ」と糾弾《きゅうだん》することもできよう。

だが、このアシスタントの責任にしても、同じようなことが再発する可能性はある。

実際、あなたが本当に得たいのは「誰の責任かを特定する」ことではなく、「同じミスを起こさないこと」ではないだろうか。

そう考えていくと、これは「頼み方」がマズいという結論に達する。つまり、悪いのは発注者であるあなただ。

発注者の頼み方が変わらないかぎり、また同じことが起きる。このアシスタントが起こさなかったとしても、人が替わればまた起きる。

もちろん、「いやいや、どう考えてもミスをしたアシスタントが悪いだろう」と言う方も多いと思う。

それは理解する。

だが、たとえこのアシスタントがミスなく仕事をしていたとしても、さきほどの「打ち込んでほしいんだけど」という依頼は、ある意味「最低の依頼の方法」といえる。

なぜなら、「仕事の品質管理の水準」を相手に委ねていることになるからだ。じつは「品質管理を相手に委ねる」のは、最悪の依頼の方法である。

＊

私は新米のコンサルタントだった頃、上司からこう習った。

「コンサルの現場では、お客さんに宿題を出すだろう」

「はい」

「たとえば、営業の業務フローをつくってほしいとき、おまえならどうやって宿題を投げる？」

「ええと……ぎ、きょ、業務フローをつくってほしいんですが、お願いできますか？　でしょうか……」

「ああ？　そんなんでお客さんがキチンとつくってくると思っているのか！」

「す、すみません……」

「依頼というものは、どの水準のものをつくってほしいのか、きちんと確認をしなければ、絶対にきちんとしたものはあがってこない」

「はい……」

「フローをつくるときは、どの形式で、どの粒度《りゅうど》で、どの範囲でつくるか、そういったことを細かく定めないとめちゃくちゃになるぞ。依頼前にフォーマットをきちんと協議するんだ」


品質管理を相手に委ねてしまう依頼のしかたは、たとえどんな水準のものがあがってきたとしても文句は言えない。それは「発注者がサボっているだけ」なのだ。

ただ、勘違いしないでいただきたいのは、「品質の水準」は相手に示すが、「品質の管理方法」は相手に任せてもいいということだ。

管理方法まであれこれ指示をすると、箸《はし》の上げ下ろしまで細かく指示をすることになり、かえって効率が落ちる。

よって、さきほどの依頼であれば、このように頼むのが望ましい。

「営業の分析用の資料を、急いでつくってほしい。明日の夕方に使うから急ぎで。精緻《せいち》に分析をする資料だから、ミスが絶対にないようにお願いしたい」

「わかりました」

「ミスをなくすために、どうするかイメージは湧いている？」

「はい、前にもやりましたから。表のレイアウトはこの資料と同じでもいいですか？　違うとチェックしにくくなるので。あと、私ともう1人で、ダブルチェックをかけたほうがいいですか？」

「うん、そうしてほしい」

＊

プロジェクトマネジメントにおける世界標準の規格「ＰＭＢＯＫ」の「プロジェクト品質マネジメント」の項目の一節には、最新の品質マネジメント手法では、次に示す点が重要であると述べられている。

検査よりも予防。

品質とは計画され、設計され、プロジェクトのマネジメントやプロジェクトの成果物に組み込まれるものであり、検査によって実現されるものではない。トヨタ自動車は「品質は上流工程である設計でつくり込む。検査では品質は向上しない」というコンセプトを持ち、設計を品質管理の要とする。

そう考えれば、あがってきた成果品に対して、作業者であるアシスタントにガミガミ言ったとしても、品質はほとんど向上しないことがよくわかるだろう。**依頼における品質管理は、最初の段階で「どの程度のものがほしい」かをきっちり明確に示すことが肝心なのだ。**

適当に依頼しておいて、「こうじゃないんだよなぁ〜」とか言ってしまう管理職は、品質管理の初歩から、勉強し直したほうがいいだろう。

「提案のコンペ」で勝率を劇的に上げる方法

私は仕事でさまざまな会社の「提案書」の作成を手伝うことがある。通算すれば、それこそ何十、何百と提案書を書いたが、毎度、同じことを思うので、それについて書いてみたい。

「提案書」の作成は、特殊なスキルではなく、誰でも身につけることのできるスキルであり、しかもさまざまなシーンで役に立つ、汎用性の高い「コミュニケーションスキル」である。

これから仕事を頑張りたい人、起業したい人、成果を出したい人にはぜひ身につけていただくとよいだろうと思う。

なぜなら、「顧客から仕事をもらう」「上司に動いてもらう」「部下に動いてもらう」といった、仕事において重要なシーンすべてに「提案」という活動が含まれるからだ。

だが、実際に「よい提案書」をつくることのできる人にはあまり出会わない。なぜか。それはおそらく「提案書」という名前そのものが悪いと、私は考えている。

「提案書の作成」というと、「提案を考えること」と誤解してしまうからだ。具体的にいえば、「何を提案するか？」を考えることに提案書の作成の大部分の時間を使う。「提案書」なんだから、当たり前じゃないか、と言う方もいるだろう。そこに落とし穴がある。

経験的に、「提案書」を作成をするにあたって最も時間を割く必要があるのは、**「提案を考えること」ではなく、「相手の真の要望を理解し、それを文書化すること」だ。**

つまり、こういうことである。

「PRをやりたい。媒体に露出を増やして、問い合わせをたくさんもらいたいので、PR活動に関して提案をしてくれないか」

という依頼をもらったとする。

多くの人は「それでは」ということで、

・媒体に露出を増やす方法

・プレスリリースの書き方
・メディアまわりの方法
・記者発表の方法

などを考え、提案書に盛り込むだろう。

だが、これではあまりよい提案書にはならない。先に述べたように、提案から考えてはダメなのである。

ほとんどの人は、提案から考えると「お客さんが本当にやってほしいこと」ではなく「我々ができること」を提案してしまうのだ。

「PRをやってほしい」と言っているから、PRの提案をしたんじゃないか。何が悪いんだ、と言う方もいるだろう。じつはそれが間違っている。

私の経験では、お客さんが声をかけてくるときに、「本当の要望」はまず言語化されてこない。具体的にさきほどの例では、「PRをやりたい」と言ってきたその背後にある動機のほうが、はるかに重要である。

たとえば、なぜPRを積極的にやりたいのかといえば、そこには次のようにさまざまな理由がある。

・後発のサービスだから？
・競合製品と異なる市場を狙いたいから？
・特定のターゲットにリーチしたいから？
・Cool なサービスであると思われたいから？

「営業でヒアリングすればいいじゃない」と言う方もいるかもしれないが、営業のヒアリングだけではまったくもって不十分である。

それはあくまで「担当者の主観」「管理者のバイアス」「経営者の思い込み」などが盛り込まれた、事実の一側面にすぎない。

そのため、提案書を書くときには「その会社がサービスを使いたいと思う理由と背景」を、できるかぎり多く収集しなければならない。

・今までのプレスリリース
・CEOの発言
・その会社について出版された本
・web の記事
・採用募集要項
・社員のブログ

そういった断片的な情報をつなぎ合わせ、「この会社がPRしたいと思った、本当の意図、背景、有効性」などを突き止めるべく努力する。

だから、提案書を作成するプロセスで最も時間をかけるべきは、「お客様からのご要望」をできるだけ丁寧に、詳細に、背景を踏まえて言語化、文書化することだ。

具体的にこの例では、提案書のいちばん最初に、「お客様からのご要望」のページを入れ、そこに詳細を記述する。

・目的
1　後発の不利を覆すために、見込み顧客に対する認知度を向上させたい
2　競合がリーチしていない市場に対して先にアプローチしたい

・目的を実現するための具体的な目標
1　媒体露出を30％向上させる
2　複数のターゲット媒体（別紙参照）において、◯以上の記事数を獲得する
3　◯◯市場調査において、顧客満足度1位となる

提案の前にこのページがあるだけで、びっくりするくらいお客さんの反応がよくなる。

ここで重要なのが、これらはあくまで**「我々の提案」ではなく、「お客さんの要望」であるとすること**だ。

そして、プレゼンテーションでは、最初に「我々がヒアリングし、文献にあたったところ

では、これがお客様のご要望だと認識しています」と述べる。

ここで「認識が違いますよ」「事実と違いますよ」と言われたら、そこでプレゼンテーションが終わってしまうからだ。

逆に、顧客はそこが完璧にできているとき、「ああ、我々が求めていたのはこういうことだったのか」と頭がすっきりする。

この「すっきり感」なくして、提案を受け入れてもらうことはできない。

＊

誤解を恐れずにいえば、コンペで負ける原因のほとんどは、「提案が悪いから」ではない。『我々（顧客）のやってほしいこと』を提案書が外しているから」だ。

言い換えれば、自分たちのできること、やりたいことだけを並べる提案書がほとんどであり、真に要望を理解している提案が少ないからだ。

だから、「お客様のご要望」が正確に記述できた時点で、コンペの勝率はびっくりするくらい上がる。

もちろん、コンペで勝てるかどうかは提案書の質だけによるわけではない。そこには政治や予算、人間関係などが複雑に絡むし、「コンペの前にすでに勝敗は決まっていた」なんてこともよくある。

だが、少なくとも「提案書がわかりやすく、的確に我々（顧客）のニーズを把握している」会社は、「勝てる可能性の高い」会社である。

「承認欲求の強い人」は認められず、逆に「承認欲求のない人」ほど評価されるという皮肉

最近、「承認欲求」という言葉をよく耳にする。web上で気軽に承認をやりとりできるツールが提供されているからかもしれない。

そして、「承認欲求」といえば、ある人物のひと昔前を思い出す。

＊

彼は悪い人ではなかったが、1つだけ褒められないクセがあった。それは「仕事を抱え込んでしまうこと」だった。

若手で経験も浅かったその人物は、自分が引き受けられる以上の仕事を「褒められたい」「失望されたくない」という理由で引き受けてしまい、結局あとで問題が発覚する、ということもしばしばだった。

ええカッコしいのその人物に業を煮やした上司は、一喝した。

「その場しのぎで安易に仕事を引き受けるのはやめろ。できないときは、できないと言え」

「そういうわけでは……」

「言い訳はするな。実力に見合わないことをしても、認められるどころか信頼を失うだけだ」

「私は悪くありません。頼まれたら引き受けてあげたいのです」

「違う、おまえは嫌われたくないと思っているだけで、自分の実力を認める勇気もない」

「しかし……」

「おまえが『できる人間と思われたい』と願っていることは理解できる。だが、自分の仕事を振り返って見てみろ。あせって自分を大きく見せようとするな」

その人物は、数年後にこう言っている。

「怒られてよかった。いいカッコをしなければ、という思い込みが消えたから。おまえは実力不足、とはっきり言われたので、逆に仕事に集中できるようになったのかもしれません」

過去の彼のように「手っ取り早く承認を求める人」は、残念ながら企業内で大きな問題になることも多い。

とくに、それをはっきり言ってくれる指導者がいない場合は、なおさらだ。

彼らはたとえば、次のような発言をする。

・上司が褒めてくれないので、やる気が出ない
・地味な仕事は皆が認めてくれないので、やりたくない
・見てくれている人がいないので、やめてしまおう
・なぜ、あいつよりオレのところに先に話をとおさないのだ
・オレのほうが学歴はいいのに、なんであいつが先に出世するのだ

反対に、承認欲求を自己のコントロール下に置いている人は、次のように発言する。

・上司をうならせるような仕事をしよう

・地味な仕事こそ、大事にすることが自分のためになる
・見ている人がいないときこそ、自分が自由にできるチャンスだ
・私は彼を信頼しているから、私に相談するかどうかは彼に委ねよう
・彼の実力が上だったということか。頑張ろう

当然、このような考え方のほうが実力はつく。実力がつけば、認めてくれる人は自然に増える。人からうらやましがられたり、褒められたりすることに頓着《とんちゃく》しないことが、結果的に人の評価を受けるのだ。

また、彼らは積み上げてきた自信や「自分の中の評価尺度」があるので、他者の評価、賞賛を「参考意見」ととらえる。

それゆえ、まわりの人間は彼と適度な距離を保つことができ、彼は「付き合いやすい人間」と感じてもらえる。

逆に、承認欲求の強すぎる人は、「何でオレを褒めないんだ！」「頑張ったのに、認めないのか！」と常に不満を抱える。

もちろん、彼らをなだめるために大人の対応をする人もいるが、彼らの相手をするのは面

倒なため、徐々にまわりは彼らを相手にしなくなり、彼らはますます孤立する。当然、実力もつかない。アドラー心理学では、承認欲求について次のように述べている。

他者の評価を気にかけず、他者から嫌われることを怖れず、承認されないかもしれないというコストを支払わないかぎり、自分の生き方を貫くことはできない。つまり、自由になれない。

（『嫌われる勇気』岸見一郎・古賀史健／ダイヤモンド社）

逆説的ではあるが、認められたい人ほど認められず、評価を気にしない人ほど認められる結果となる。

「承認欲求」を必要としない人ほど、逆に他者から承認され、それを求める人ほど孤立してしまう。

人間関係とは、誠に皮肉なものだ。

「よい人間関係」は衝突することを前提としている

職場でも、それ以外でも、人間関係が悩みの種になることは少なくない。

＊

あるwebサービスを運営する会社の社長と話をさせていただいたとき、「よい人間関係とは何か」という話になった。

通常、よい人間関係というと、

・気が合うこと
・話が盛り上がること
・お互いを尊重できること

などの特徴があがってくるが、その経営者は「そんなものはよい人間関係とはいえない」と言った。

「僕は、人を多く見てきているからよく思うんだけど、『気が合う』とか『お互い尊重できる』とかって、本当に苦しい状況に追い込まれたときには簡単に壊れるんだよね」

「苦しい状況というのは？」

「たとえば、一緒に起業したけどうまくいかない、とか」

「ほう」

「片方の人物がすごく仕事がうまくいっているけど、片方は全然うまくいかず、落ち込んでいる、とか。大病を患《わずら》った、とか」

「なぜ、壊れてしまうのでしょう？」

「気が合う、ってのがワナだね。多くの人が『気が合う』って感じているのは、実際は衝突がないだけ。表面をなぞっているだけの人間関係だよ」

「たとえば？」

「うちの会社で、こんな話があった。昔、部長が2人いたんだよ。業績がよいときは、すごくよい人間関係だと皆思っていた。何せお互い衝突することはほとんどない。たまに議論があっても、『じゃ、あなたの案でいきましょう』と、簡単に合意できる」

「はい」

「意思決定も早いし、これはよい人間関係だと。お互いを尊重しているんだと。私もほかの皆も思っていた」

「……」

「でも、それ、全部ウソだったんだよね。私の人間理解が甘かったんだが、よい人間関係って、衝突の上に築かれるものであって、和やかさの上には築かれない」

「なぜそう思ったのですか？」

「会社の業績が伸び悩みを見せはじめたとき、『なんか雰囲気悪いよね』と誰もが感じていたけど、誰もその原因がわからなかった」

「はあ……」

「で、1人ひとりに時間をつくって『何が問題か』と聞いて回ったら、よくわかった。皆が『言いたいことがあるのに、黙っている』という状態だった。『なんで直接言わないんだ』と聞くと、『人間関係を壊したくない』って言うんだよね。これ、メチャクチャヤバイと思った。つまり、**人間関係を壊したくないと思う心が、人間関係をさらに悪化させる**、ってことだ」


嫌われまい、嫌われまいと思うと、気に入られようとしてかえって卑屈になってしまう。

よい人間関係を生もう、いい友だちでいようと思うと、ビビってしまい、かえって心を開くことができない。

社長はさらに言った。

「だから、オレはもう『よい人間関係』は『衝突があること』が必須の条件と思っているよ」

「でも社長、衝突があるからといって、よい人間関係とはいえないですよね。いがみ合っているだけとか」

「もちろんそうだ。だから『衝突』はベースにあるだけ。人間同士はもともと衝突するもの、そういうように考えることがまず出発点」

「その先には何が？」

「簡単だよ。衝突の先にあるのは、対話だよ。相手の話を聞いて理解しようとする姿勢」

＊

オランダの哲学者であるスピノザは著書『国家論』の中で、「私は人間を嘆かず笑わず嘲《あざけ》らず、ただひたすら理解しようと努めた」と述べている。

「よい人間関係」とは、衝突を恐れず、相手を理解しようとする姿勢そのものである。そう言っていいのかもしれない。

第5章
「知的能力」と「コミュニケーション能力」を兼ね備えて、はじめて成果を出す能力となる

「知的」であるかどうかは、5つの態度でわかる

以前、訪れたある大学の先生から、面白い話をうかがった。それは「知的な人物かどうか」という判断の基準に関するものである。

私たちは「頭が悪い」と言われることを極端に嫌う。知性が人間そのものの優劣を決めるかどうかは私が判断するところではないが、実際に「知的」であることは現在の世の中においては有利であるし、組織は「知的」な人物を必要としている。

だが、「どのような人物が知的なのか」ということについては、多くの人々の判断が分かれるところではないだろうか。

世の中を見渡すと、あらゆる属性、たとえば学歴、職業、資格、言動、経済的状況などが「知的であるかどうか」のモノサシとして使われており、根拠があるものないもの含め、混沌としている。

私がこの先生からお聞きした話は、そういった話とは少し異なる。

彼は「人間の属性と、知的であるかどうかの関係はよくわかりませんが、少なくとも私が判断をするときは、５つの態度を見ています」と言う。

エピソードを交え、さまざまな話をしていただいたのだが、その５つをまとめると、次のようなものになった。


１つ目は、**異なる意見に対する態度。**

知的な人は、異なる意見を尊重するが、そうでない人は、異なる意見を「自分への攻撃」とみなす。


２つ目は、**自分の知らないことに対する態度。**

知的な人は、わからないことがあることを喜び、恐れない。また、それについて学ぼうとする。そうでない人は、わからないことがあることを恥だと思う。その結果、それを隠し学ばない。


３つ目は、**人に物を教えるときの態度。**

知的な人は、教えるためには自分に「教える力」がなくてはいけない、と思っている。そうでない人は、教えるためには相手に「理解する力」がなくてはいけない、と思っている。

4つ目は、**知識に関する態度。**

知的な人は、損得抜きに知識を尊重する。そうでない人は、「何のために知識を得るのか」がはっきりしなければ知識を得ようとしないうえ、役に立たない知識を蔑視する。

5つ目は、**人を批判するときの態度。**

知的な人は、「相手の持っている知恵を高めるための批判」をする。そうでない人は、「相手の持っている知恵を貶《おとし》めるための批判」をする。

＊

知的である、というのは頭脳が明晰《めいせき》であるかどうか、という話ではなく、**自分自身の弱さとどれだけ向き合えるか、**という話であり、大変な忍耐と冷静さを必要とするものなのだと思う。

「知的能力」を活かすには、「コミュニケーション能力」が不可欠

知人に、京都大学出身の、極めて知的能力に優れた人物がいる。

彼と話すと、「なるほど、頭がいいとはこういうことなのだな」と納得する。

だが、まだ彼は社会的に成功しているとはいえない。社会的地位や収入からすれば、よくいって「中の下」というくらいである。

彼はいつも半ば自虐的に、「いやー、学歴ばかり無駄にいいよ」と言う。

彼は、研究も、就職活動も、まわりの人とのトラブルで中断してしまったのだ。まわりに合わせてうまく立ちまわることができないといえるだろう。

話を聞くと、人の話を聞かず、つい自分の我をとおしてしまったり、空気を読めなかったりと、今の職場でも苦労しているようだ。

＊

「1万時間の法則」を提唱したことで知られる、現在、最も著名なジャーナリストのひとり、マルコム・グラッドウェルは著書『天才！』（勝間和代訳／講談社）の中で、いくつかの天才に関するエピソードを紹介しており、その一部を要約したい。

クリス・ランガンという男がいる。彼はIQ195という、100万人に1人の並外れた知能の持ち主だ。

彼は「全米一頭のいい男」と呼ばれ、16歳でプリンキピア・マテマティカを完読し、クイズ番組で同時に100人の相手と競争して勝利できるほどの頭脳の持ち主である。

だが、彼は控えめにいっても、成功とはほど遠い生活を送っている。大学を中退し、建築現場で働き、ハマグリ漁や下級公務員などの職を転々とし、孤独な人生を送っている。

スタンフォード大学の心理学教授、ルイス・ターマンは「知能の高い人間の研究」を行っていた。

彼は25万人の小中高生の中から高いIQを持つ1400人あまりを選び出し、心理学の研究の調査対象とした。成績や大学の進学実績を記録し、結婚について調べ、昇進や転職も記録していった。

ターマンは「彼らこそ、米国の将来を担う人材たちだ」と考えていた。

だが、ターマンは間違っていた。彼が発見した天才のうち、全国的に名前が知れ渡るような人物はいなかった。高い年収を得ているが、さほどすごい額ではない。大多数が普通の職業につき、驚くほど多くの者はターマンが期待はずれと考えるような職業についた。

ターマンはこう述べた。

「知能と成功の間には完璧な相関関係があるというにはほど遠い」

いったいなぜ、このようなことが起きるのだろうか。

もちろんいくつかの理由がある。クリス・ランガンは家が貧しく、大学の学費を満足に支払うことができなかったために、大学を中退せざるを得ない状況に追い込まれた。

ほかの人間にも、同じように「運が悪かった」という状況が十分起こり得たのだ。だが、理由は「運が悪かっただけ」とはいえないかもしれない。

＊

ピーター・ドラッカーは、現代の労働者を「知識労働者」と呼ぶ。そして、知識労働者は、**自分の貢献を利用してくれる組織があって、はじめて成果をあげることができる**ということを述べている（『プロフェッショナルの条件』上田惇生訳／ダイヤモンド社）。

仮にそれが正しいとすれば、知識労働者は知的能力だけではなく、自分の知識を売り込む能力、利用してもらうようにアピールする能力を持たなければ満足の行く仕事ができない、ということになる。

つまり、それは「コミュニケーション能力が知的能力を十分に活かすうえで不可欠」だということだ。

知識労働においては、仕事の成果は「知的能力」×「コミュニケーション能力」で決まる。いくら知的能力が高くても、コミュニケーション能力が低ければ能力は十分に活かされない。

もちろん、これは企業の中だけの話ではない。現在は学問の世界も多様化し、1人で大きな成果を成し遂げられることは、ほとんどない。そこでは、多様な専門的能力を持つ人々との協業が不可欠である。

「孤高の天才」というイメージは、研究分野においてもすでに過去のものである。現に、最先端の研究分野では数百人のコラボレーションを要するものも少なくない。

ひと昔前は、知識やノウハウはクローズし、企業内で閉じた環境に置いたほうが独占という果実を手にすることができた。だが、現代は「オープン化」を進め、利害関係者を増やすことでより高度な仕事ができる。

だが、よく知られているとおり「コミュニケーション能力」は、単に目の前に置かれた勉強をしているだけでは伸ばすことができない能力であり、学校で体系的に学ぶこともできない。

実際、コミュニケーションとは、他者と共生する中で失敗を繰り返しながら実践的に学ぶものであり、正解の存在しない高度な能力である。

＊

今後の世界は、「知的能力」のみならず、「コミュニケーション能力」を同時に磨かなくてはならない。頭がいいだけの「コミュ障」にはむしろ、生きづらい世の中なのだ。

「リーダーシップ」とは、わかりやすく、魅力的な物語を語る力のこと

あるところに、チームリーダーがいた。Aさんとしよう。

じつに頭がよく、誠実な人柄で、部下の話によく耳を傾け、嘘をつかず、困っている部下にはよく手を貸した。そして「間違ったこと」は決して言わなかった。

Aさんの部下からの評価は「いい人」であった。彼と働いていて不快になる人物はまずいないのだ。彼はやわらかな物腰と、人に意見を押しつけないという評判で、どの部下からも嫌われることはなかった。

だが、Aさんは、4、5人を束ねるチームリーダーを務めたが、その後、昇進することはなかった。「Aさんについていきたい」と言われることがなかったからだ。

Aさんは40歳をすぎると、異動で子会社に飛ばされ、そのまま一社員として定年を迎えた。

Ａさんの同期で同時期にチームリーダーになった人物がいた。Ｏさんとする。

Ｏさんは主張が強く、部下から「話を聞かない上司」と思われることもたびたびあった。また、彼の言うことを聞かず、仕事でミスをした人間を厳罰にするなど、容赦のない一面を時折見せた。

しかも、Ｏさんはよく間違えた。彼は間違えるたびに、部下を頼った。部下はよく働かされた。

Ｏさんの部下からの評価は、多くは「話は面白いが、怖い人」であった。そして、社内の彼に関する評価は、賛否両論だった。「アイツは血も涙もない男だ」と批判されることもあったが、Ｏさんは意にも介さなかった。

やがて、Ｏさんはチームリーダーを務めたあと、10人、20人を束ねるグループのリーダーに抜擢される。一部の社員から、強力な推薦があったためだ。

何より「Ｏさんのもとで働きたい」と言う社員が少なからずいた。

Ｏさんは40代半ばになると、ついに１００名を束ねる部長まで昇進した。

強烈な性格を持つＯさんには敵も多い。だが、Ｏさんを慕ってくる若手も多く、彼は有能な部下に事欠かなかったのである。

＊

AさんとOさんはこうして、随分と異なった会社員人生を送ることになったのだが、この違いの本質はどこにあるのだろうか。

端的にいえば、Aさんはリーダーではない。彼は人から嫌われないが、リーダーシップを発揮してはいない。

対して、Oさんはリーダーである。彼は敵をつくりつつも、リーダーの名にふさわしい行動をとっている。

ピーター・ドラッカーは、リーダーについて次のように語る。

リーダーが真の信奉者をもつか、日和見的な取り巻きをもつにすぎないかも、自らの行為によって範を示しつつ、いくつかの基本的な基準を守りぬけるか、捨てるかによって決まる。（中略）

優れたリーダーは、常に厳しい。ことがうまくいかないとき、そして何ごともだいたい

においてうまくいかないものだが、その失敗を人のせいにしない。（中略）
真のリーダーは、他の誰でもなく、自らが最終的に責任を負うべきことを知っているがゆえに、部下を恐れない。（中略）
そもそもリーダーに関する唯一の定義は、つき従う者がいるということである。
信頼するということは、必ずしもリーダーを好きになることではない。常に同意できるということでもない。リーダーの言うことが真意であると確信を持てることである。（中略）
もう一つ、古くから明らかになっていることとして、リーダーシップは賢さに支えられるものではない。一貫性に支えられるものである。

（『プロフェッショナルの条件』上田惇生訳／ダイヤモンド社）

＊

Ｏさんは首尾一貫していた。強烈な自信に裏打ちされた信念が彼を支えていたため、部下やほかの人物からの多少の攻撃に揺らぐことは決してなかった。
強い主張があるので、ほかの人物としばしばぶつかったり、基準に満たない部下に対して厳しい仕打ちをしたりすることもしばしばあった。

だが、Oさんは「彼ならどう言うか」という質問に対して、誰もが「Oさんなら絶対にこう言うだろう」というわかりやすさを持っていた。この「わかりやすさ」ゆえに、敵も味方も、彼を「一貫している」とみなすことができたのだ。

それに引き換え、Aさんは信念よりも部下に配慮し、優先した。

「部下がこう言うから、自分はこう思う」
「部下に嫌われないように、こう言う」

こういった配慮が行きすぎ、Aさんは部下からもまわりからも、「Aさんは何を考えているのか、本心で言っているのかわからない」という評価を受けてしまった。

結果的に、Aさんは「やさしい」という評価を受けることはできたが、「信頼できる」「頼れる」という評価を得ることはできなかった。

「魅力的な、わかりやすい物語」を語る人物であることが、リーダーであることの最低要件である。

人は、物語によって結集するからだ。

『サピエンス全史』（柴田裕之訳／河出書房新社）を著《あらわ》した歴史学者のユヴァル・ノア・ハラリはこのように述べる。

効力を持つような物語を語るのは楽ではない。難しいのは、物語を語ること自体ではなく、あらゆる人を納得させ、誰からも信じてもらうことだ。歴史の大半は、どうやって厖大な数の人を納得させ、神、あるいは国民、あるいは有限責任会社にまつわる特定の物語を彼らに信じてもらうかという問題を軸に展開してきた。とはいえ、この試みが成功すると、サピエンスは途方もない力を得る。なぜなら、そのおかげで無数の見知らぬ人どうしが力を合わせ、共通の目的のために精を出すことが可能になるからだ。

実際、いつの世も、支持されるリーダーは、「魅力的なわかりやすい物語」で武装している。

もちろん、そのリーダーがよいリーダー足り得るかどうかは別の問題だ。

しばしば「物語を語る」リーダーの暴走と、大衆の盲従が、悲惨な結果を招いたのは周知のとおりである。

したがって、「魅力的なリーダー」は、「パワハラ上司」と紙一重であることも多い。

だが、人々は常にリーダーを欲する。彼らがリーダーとして認められるのは、**ひとえに彼らの語る物語に魅力があるから、**ということに尽きる。

「おまえのために言っているんだ」って、絶対に言わないほうがいいですよ

「おまえのために言っているんだ」

この言葉を何回聞いただろうか。さまざまな会社に訪問する中で、けっこうな数の上司がこの言葉を部下に向けていたと思う。

期末の評価の時期、成果が出ないとき、失敗をしてしまったとき、指導者はこの言葉とともに「人を傷つける言葉」を言うのである。

断っておくが、そういった上司や指導者は、少なからず「本気でその人のことを思っている」のであって、決して冷たい人間ではない。本気で部下の行く末を心配し、指導してあげようとしていることは間違いない。

そういう意味で、「おまえのために言っているんだ」と言う人の考え方や思想についてと

やかく申し上げることは何もない。おそらく、私などよりもはるかに人格者だろう。だが、それにもかかわらず、「おまえのために言っているんだ」という言葉を使う必要はない。

なぜならば、この文言は一種の「自分に対しての免罪符」だからである。「私はこの人を傷つけてよい」という免罪符だ。

どういうことか。思想家の内田樹《たつる》氏は、次のように述べている。

「お前のためを思って、言ってるんだ」

というのは人を深く傷つけることばを告げるときの常套句ですが、このことばを口にしている人は「私はこの人を傷つけるために、あえて傷つくようなことを言う」という「真実」を決して認めません。

（内田樹の研究室「メディア・リテラシーについて」
http://blog.tatsuru.com/archives/000938.php）

要は、「おまえのために言っているんだ」という言葉を使うことによって、その人が「自分が本当に相手のために言っているのか」、それとも「じつは、自分が相手に対し悪意があって言っているのか」について、自己批判をしなくなることが問題であるということだ。

＊

ある会社の営業部長は、成果があがらなかった部下に対して、「いいか、おまえのために言っているんだ、こんなんじゃどこでも通用しない。おまえのような社会人を雇う会社は、うちよりほかにない。感謝して働け。バカヤロウが」と言った。

ある会社の研究主任は、その部下の技術職に対し、「おまえのために言っているんだ。こんなことでミスするから、いつまでたっても論文が発表できないんだ。一生このままだぞ、おまえ。使えねえ」と言った。

「おまえのために言っているんだ」と言い続けた人は、そのうち「おまえのためか」それとも「自分のためか」ということについて吟味をしなくなる。

自分が免罪符を出しているからだ。

ネットでも「あなたのため」と言って、人を傷つける言葉を投げつける人がいる。そういった人に悪人はいない。１人ひとりを見ればとても善良で、常識的な人々である。

だが、善意からであっても、「あなたのためだから」と言ってはいけない。多くの愚行も、最初は善意からはじまったのだ。

「おまえのために言っているんだ」という言葉は、胸の中にしまっておかなくてはならない。

叱るなら、人を傷つけるなら、自分への免罪符なしでやるのだ。部下は決して「免罪符」を持って自分を傷つけてくる人につき従おうとは思わない。

「任せた仕事」を確実にやってもらう４つの方法

仕事は、多数の人間の協力関係によって成り立つ。

そこには、「任せる」「任せられる」というやりとりが相互に存在し、それを確実に遂行することによって、信頼関係が生まれ、さらに成果が出ることにつながる。

ところが、中には「任せたことを確実に遂行しない」、すなわち約束を反故《ほご》にする人々が存在する。

彼らが約束を反故にする理由はさまざまだが、これを放置するわけにはいかない。

したがって、「約束を遂行しない者」へ対する処置は、「正直者がバカを見ない」ためには非常に重要である。

＊

だが、私はコンサルタント時代にさまざまな企業に訪れたとき、残念ながら期限までに宿題をやらなかったり、然《しか》るべき人に話をしていなかったりなど「約束を守らない人」はじつに多かった。

「なぜ約束を守らないのか？」と聞くと、彼らはたいていの場合、次の4種類の釈明をする。

1 やらなければならないことに不明な点があり、進まなかった
2 「そもそもやる意味があるのか？」を疑問に思っていた
3 忙しかった。ほかの仕事が入ってしまった
4 忘れていた

私は当初、あきれるばかりであったのだが、上司から対処する手順を教わった。すると、仕事の進め方が大きく変化し、驚くほど成果があがるようになった。

その手順は次のようなものである。

前提　怒らず、まずは相手の現状を把握する

約束を守らなかった人物を怒鳴りつけることは、あまり賢い選択とはいえない。なぜなら、怒ってしまうと余計に約束を遂行する率が下がるからだ。

たいていの場合、怒鳴ったり叱ったりすることは感情的なしこりを残し、「怒られないように仕事をしよう」という間違った動機づけにつながる。

約束を守らない人物については、まず相手の状況を把握すべきであり、次の1～4のいずれの理由で約束を遂行しなかったのかを聞き出す。

1　やらなければならないことに不明な点があり、進まなかった

「すみません、途中でわからなくなって、止まっていました」と言うような人物への対処として、「なぜもっと早く質問しなかった」「なぜ自分で調べなかった」と言うことはあまり意味がない。仕組みや手続き、ツールでカバーする必要がある。

したがって、私が上司から教わったやり方は次のようになる。

・締め切りを短く区切る

任せた相手が能力の低い人物であればあるほど、長い期限を設定してはいけない。1週間単位など、もってのほかである。せいぜい1日、2日の単位を締め切りとして設定し、最悪でも遅れを1日程度に留める。

・質問されたらすぐに対処する

質問に対するこちらのレスポンスが遅いと、彼らは怠《なま》ける。したがって、質問には最優先で対処する。緊急に対処できず、自分が不在にしているときは、別の人物に質問をするようにあらかじめ設定しておく。

・メールではなく「電話せよ」と言う

言葉で不明な点を伝えることは、けっこう難しい。「止まっていました」と言うような人物に、メールでの質問をさせることは非常に困難であるため、「基本的に質問は電話でせよ」と言うのがセオリーだ。

2 「そもそもやる意味があるのか?」を疑問に思っていた

このような人物は反抗的である。こちらの指示や内容はわかっているのだが、「納得をしていないのでできない」と言う人物はどんな組織やプロジェクトにも存在する。

また、このような人物は「自分の思うやり方」へのこだわりも非常に強く、あまりアドバイスを聞き入れない。

このようなやっかいなタイプの人物の取り扱いは次のとおりだ。

・「やる意味」を議論するのは、皆の前でやるようにお願いする

「やる意味について議論をするのは、皆の前でのみ受けつける」と厳正に注意する。「上司」や「リーダー」から直接説得を試みるよりも、その場のほかのメンバーから説得を試みたほうがうまくいくケースが多いため、「皆の前でやる」ことのメリットは大きい。

だが、相手の態度が頑《かたく》なな場合、「これを続けるようであれば仕事の放棄とみなし、ペナルティを適用する」と言うときもある。映画や小説では、「ついに彼らはわかり合った」というハッピーエンドもあるが、現実には、たいていの場合はわかり合えない。

・その人物が重要人物である場合は、上に頼んで、プロジェクトや仕事の存続を問い直す

その人物が重要人物である場合は、仕事が頓挫《とんざ》する可能性が非常に高い。また、途上で足を引っ張られ、こちらが責任をとらされるケースもある。

したがって、まず最初に上に掛け合うのが正解である。この状態で仕事を進めてはならない。

・その人とのやりとりをメールにし、上司をCCに入れるなどして、証拠を残す

「そもそも論」を持ち出す人物への対処は、上司を利用することのほかに、もう１つ大事なことがある。それは「やりとりの証拠を残すこと」だ。

こちらがきちんと依頼の手順を踏んでいることを相手だけではなく、第三者に知らせるようにし、いざというときに調停してもらえるように確保しておくことが非常に重要である。

また、この手の人物は「聞いていなかった」と言い逃れをするケースも多いので、注意深く証拠が残るようにする。

3　忙しかった。ほかの仕事が入ってしまった

この発言は「リソースの管理」ができない人物の発言だ。つまり、ものごとの優先度をつける技術が未熟であり、セルフマネジメント能力に欠けるとみなすことが基本である。

したがって、こちらが「リソースの管理」の手伝いをする必要がある。

・先に作業時間を確保させる

「この仕事をやる時間を確保せよ」と先に依頼し、彼の予定表に入れてもらう。よほどのこ

とがないかぎり、時間を確保させれば仕事はある程度遂行される。

仕事を頼んだとき、「これの作業予定はいつ？」とあらかじめ聞いてしまうことも有効だ。

・ほかの仕事を入れた人と直接交渉する

「ほかの仕事が入ってしまった」と言われたら、彼に「誰から依頼されたか？」と聞く。

その人物を特定し、彼に直接優先度の交渉を行うためだ。これをしないかぎり、再発する可能性が高いので、できるだけ上の人物に動いてもらいリソースを保証してもらう。

・一緒に依頼した作業を分割し、タスク管理を手伝う

この人物は「タスク管理」が未熟である可能性が高い。したがって、タスク管理をこちらで手助けする必要がある。依頼した作業をおおまかに分割し、それぞれに締め切りを設定する。

また、締め切りを守れなかった場合には、すぐに報告を上げさせる。

4　忘れていた

よほどのことがないかぎり「忘れていた」という返答は失礼にあたるので、言う人は少ないのだが、親しくなってくると正直に言う人もいる。

悪気はないが、仕事を忘れるということは、簡単にいうと「その人の中の優先度が低い」、もしくは「自己管理が甘い」ことの証左なので、この2つについて確認を行う必要がある。

・仕事の重要性を再認識させる

「いいですか、この仕事はとても重要なのです。きちんとお願いします」と、依頼をするだけでもそれなりの効果はある。真剣に言えば、ある程度は向こうもその真剣さを汲みとってくれるものなのだ。

また、これは一度ではなく、二度、三度と繰り返し伝えることで、約束が遂行される率は飛躍的に向上する。

・「あなたが今後、忘れないようにするには、どうしたらいいですか？」と聞く

自己管理が甘い人には、自己管理を手伝ってあげる必要がある。そして、自己管理の技術をその人が自分で編み出さなければ、確実に実行されることはない。

したがって、いちばん有効なのは「忘れないようにするには、どうしたらいいですか？」と聞くことだ。

「リマインドします」「アラートを設定します」「予定表に書きます」などの返答があるだろう。それを遂行してもらうだけである。なお、これも二度、三度繰り返すことが多いので、そのつど、自己管理のヘルプに入る必要がある。

・「次に忘れたら、ほかの人に依頼します」と、信用を失ったことを伝える

仕事上、いちばん致命的なのは「信用を失うこと」だと、多くの人は認識しているため、「信用を失いましたよ」という警告は効果が高いケースが多い。

事実、「忘れていました」は信用を失っている。そのとおり「二度目はないです」という言葉は伝える必要がある。「忘れていました」に対しては、静かに厳しく接することで怒るよりも相手にすごみが伝わるものなのだ。

＊

じつは「人に仕事をやってもらうこと」は仕事の中でも最も難しく、経験を要する仕事だ。したがって、怒鳴りつけるだけではなく、テクニカルになんとかする、ということも選択肢として持っておくとよいかと思う。

「意見を求められること」をひどく恐れる人がいる

多くの人と仕事をしていると、「意見を求められることをひどく恐れる人」としばしば出会う。

偏見かもしれないが、とくに大企業の社員に多いかもしれない。

たとえば、「あなたの意見を聞かせてください」とお願いすると、「一般的にはこうですよね」「部長はこう言っていました」などと、自分の意見を述べず、意見の表明を回避する人だ。

私はとくにこれが悪いとは思っていない。

だが、違和感はある。

会社で働く人が「自分の意見を言わないようにしている」というのは、「腹の中を読まれないように頑張っている」ように見えるからだ。

おそらく、これは一種の職業病だ。

つまり、「言質《げんち》を取られないよう、過剰に自分を防衛することに慣れきってしまっている」状態だ。よくいえば慎重、悪くいえば勇気が出せないのだ。

だが、これは本人だけの責任かといえば、そうとはいえないだろう。

むしろ、多くは「人の発言の揚げ足を取る」文化の会社で仕事をしてきたため、「それが普通である」と認識をしている可能性が高い。

・「人を攻撃することで有能さを示そうとする人」が数多くいる会社
・「上司に対して絶対服従」を要求する会社
・「仕組みの改善ではなく、犯人探しが好き」な会社
・「減点評価」の会社

などなど、「自分の意見を表明すること」が圧倒的に損である会社はそれなりにある。

意見の表明が命取りになるような会社においては、部下から提案することはないし、自発的な行動もない。**責任を持つ、ということが損なのだ。**

一方で、上司の悩みとして多いのは、次のようなケースである。

・部下が意見を言わない
・会議で発言がない
・部下が意見を持っていない

見てわかるとおり、これは部下の責任であることは少ない。たいていの場合は本人の責任ではなく、そのような環境で仕事をしてきたことによるものだ。

＊

本当に何も意見のない人などいない。**無力感が彼らを封殺しているだけである。**

「代案なしの反対」に存在価値はあるか

会社の中に1人くらいいるだろう。

「代案は出さないけど反対する人」が。

うっとうしいことこのうえない、と思う人が多いのではないかと思う。

彼らはしばしば「無能」とみなされる。

会社は「発案しない人物」に対して軽蔑《けいべつ》の目を向けるからだ。管理職がこのタイプだったりすると、おそらくモチベーションを刈り取る天才として部下から恐れられているだろう。

＊

そんな蛇蝎《だかつ》の如く嫌われている「代案なしの反対」について、先日、ある場所で議論となった。

そこでは、数名の方が「代案なしの反対には、存在価値はないよね。腹が立つし」と言っていた。

私は「そうだなぁ……」と思いながら、話を聞いていた。

ところが、1人の人物が「逆の目線で考えてみると、それなりの価値はあるかも」と言ったのだ。

「そりゃ、なんでもかんでも反対する、というやつはダメだけど、『代案なしの反対はすべてダメ』というのも、たしかに何か行きすぎている気がする」と私は思った。

まわりの人間は「いやいや、それはないでしょう」とあまりとり合おうとしないが、その場の責任者が「面白いじゃないか、少し考えてみよう」と言った。

「代案なしの反対は何が悪いのかね？」とその人物は言う。

「話が前に進まないですよ」

「そいつが単に反対したい、というだけだったら時間の無駄ではないですか？」

「まわりの雰囲気を悪くしますよね」

辛辣《しんらつ》な意見が続く。

責任者は「代案なしの反対に価値がある、という側の意見は？」と聞いた。

すると、さきほどの人物が口を開く。

「相手がひととおりの思慮深さがあるという前提ではありますが……、少し感じたのは、代案を出すための知識や技術と、違和感を感じるセンスは別物なのではないか、と思ったのです」

「それだけだとよくわからない。具体的には？」

「たとえば、人事評価制度を変えようと『成果主義の導入』を検討していたとする。でも、今の会社の状態からして成果主義はなじまない。今のままではダメだけれど、成果主義もダメな気がする。そんなとき、おそらく代案はないけれど反対、ということになりそうな気がします」

「ふーむ」

「でも『代案は？』と聞かれても、誰も人事のプロではないから代案は思いつかない。思いつきようもない。当たり前です。本質的に代案が出せるという状態は、かなり知識を有していて、かつ課題が明確になっているときだと思いますが、けっこうかぎられていると思うんですよ」

「なるほど、素人に代案は出せない、ってことか」

「当然、最初に案を出した人間は知識がありますよね。でも、それを言われた人は、最初に案を出した人間に比べて知識が少ないのは当然です。だから、『反対するなら代案を出せ』というのは、実際には不公平な取引であり、最初に案を出した人間が『知識を持っている』という有利な立場を濫用しているだけでは、という懸念があります」

「逆にいえば、同じくらいの知識を持っているのに、代案を出さないのはダメってことだよね」

「そうかもしれません。でも、それはたしかめられないでしょ？」


責任者は言った。

「なるほど、**『代案なしの反対をするな』と相手に言うのは不公平、というのはそれなりに説得力があるな。**気をつけよう。たしかに、私も『すぐに言語化できない違和感』を感じることはかなりある。相手の言うことは理路整然としているのだが、何か引っかかる、というやつだな」

「そうです」

「案を出したほうは、早く話を進めたいからな。たしかに反対のための反対は時間の無駄だが、ちょっと立ち止まる癖をつけてもよいのかもしれないな」

＊

よく言われることが必ずしも真理ではないということを知る、なかなか勉強になった小一時間だった。

知らず知らず「上から目線」になっている人の特徴

さまざまな企業を訪問すると、「上から目線」の人に出会う。

「上から目線」は嫌われがちではあるが、とくに悪いことか、といえば、私はあまりそうは思っていない。

特定の目的で「上から目線」を使っている人は、少なからず存在する。

たとえば、多くの独裁的な経営者は「上から目線」の方が多い。これは自然なことで、認知心理学的に、人は「自信にあふれた人」を信用する傾向にあるからだ。

したがって、尊大に振る舞うことにより、「社員が経営者に疑いを持たない」ということを彼らは経験的に知っているのだ。

また、LINEの執行役員であり、メディアの専門家である田端信太郎氏は著書『MEDIA MAKERS』（宣伝会議）の中で、「上から目線」について次のように述べている。

ネット上では、新聞や雑誌といった旧マスメディアに関わる大手企業の社員を指して「上から目線」の「勘違いマスゴミ」などと揶揄《やゆ》し、罵倒《ばとう》するムードがあります。私も、その気持ち自体はよくわかりますが、プロとしてメディアの世界で満足な報酬を得ようとするならば、「ナメられてしまえば、商売はあがったり」であり、一定の「上から目線」はある意味では、当然の前提なのです。

「権威」を必要とするマスコミの方々、あるいは専門家、管理職たちが「上から目線」を使うのは意図的であり、とくに批判されるべきことでもない。世の中には「上から目線の専門家」「上から目線の上司」を好ましいと考える方も数多くいる。

ただし、**不幸なのは「本人が自覚していない状態で、知らず知らず上から目線になっている人」である。**なぜなら、ほとんどの人にとって、その人は「単なるコミュニケーションのとりづらい人」になってしまうからだ。

友だちや家族に疎まれるばかりか、仕事でかなりの損をしているだろう。本人に明確な悪気がないのに、意図せず嫌われてしまうのであれば、それは気の毒なことでもある。

*

では、「知らず知らず上から目線になる人」はどのような特徴を持っているのだろう。

1 「評価」し、賞賛しない

「上から目線」と思われがちな行動で最も目立つのは、賞賛すればよいところを、知らず知らずのうちに「評価」してしまうことである。具体的には、次のような発言だ。

・「よくやってるんじゃないかな。でも……」
・「悪くないよ。でも……」

「素晴らしい」のひと言で済むところを、どうしても「素晴らしいけど、〇〇の部分はまだまだだよ」と言いたくなってしまうのだ。

とくに中途半端に知識があると、素人が「素晴らしい」と賞賛することを素直に認められない人が多い。

嫉妬はとても強い感情であり、それが一種の「上から目線」を生み出す。

2 「勝ち負け」「序列」にこだわる

「私、〇〇が好きなんだけど……」と言うと、「いや、どう考えても〇〇のほうが上でしょ」という発言が多いと、「上から目線」という印象を持たれる。

つい先日、ある女性がパートナーからプレゼントしてもらったアクセサリーをまわりの人に見せたところ、「アクセサリーブランドの序列」について語りはじめた人がいた。当然、女性はいい気持ちはしなかっただろう。

「勝ち負け」「序列」「格差」といったキーワードに敏感な方は、「上から目線」を生み出しやすい。

3 「主張したい」けど相手の理解はしたくない

ある「意識高い系」と言われている男子学生がいた。彼は真面目でよく勉強し、就職活動もそれなりにうまくいっていたので、後輩から就職活動のアドバイスを求められた。

だが、アドバイスを求める後輩は日に日に減っていった。なぜなら「あの人、上から目線でムカつく」という噂が立ってしまったからだ。

実際、彼は意識が高すぎるあまり、後輩の「相談に乗る」という役割を忘れ、ひたすら自分の主張を後輩に押しつけていた。

・「とりあえず、この時期にエントリーシート◯社出してないなんて、ありえないでしょ」
・「◯◯の説明会行ってないの？　ヤバイよそれ」
・「この時期には◯社くらいの内定を持っておかないと、失敗だよ」

だが、後輩が求めているのは、彼の主張を話してもらうことではなく、悩みを聞いてもらい、対応策を一緒に考えてもらうことだった。

主張が強すぎると、「上から目線」を生み出しやすい。

4 「教えたい気持ち」が強い

「教えること」は「上から目線」と紙一重であり、勘違いされやすい。学びは「自分が無知である」と仮定しなければ得られないものだからだ。

したがって、「教えすぎる人」は、相手に「自分が無知である」と考えることを強制するので、「上から目線」ととらえられやすい。

・「○○について教えてやろう」

・「○○は私の言うとおりにやれば大丈夫」

・「オレにアドバイスを求めないなんて、間違っている」

こういった発言は親切心からであることも多いのだが、相手によっては「上から目線」と見られることもある。

5 「人を試すこと」が好き

質問に質問で返すことや、「○○って知っている?」といった人を試すような質問が多いと、「上から目線」という評価を受ける。

たとえば、聖書には「神を試してはいけない」という訓戒が述べられているが、それは

「試す」という行為自体が人間を神の上位に置く行為であるからだ。

もちろん、ちょっとした投げかけや、コミュニケーションのための質問は悪くないが、「この人がどこまで知っているのか」「どの程度のことができるのか」などを試す行為を頻繁にすると、もれなく「上から目線だ」という評価をもらうことができる。

＊

繰り返すが「上から目線」は時と場合によって使い分けが重要だ。意図せざる評価をもらわないために「ちょっと気をつかう」だけでも、かなり印象が変わる。

こんな人は、会議に参加させてはいけない

ある会社の社内会議に、外部協力者として参加したときのこと。

＊

8名ほどの参加者に対して、議長が「意見はありませんか？」と聞いた。

彼らのうち、3名は意見を述べたが、残りの5名は何も言わなかった。

「本当に何もないのですか？」と議長が念押ししても、「ありません」と言うばかりだった。

会議はその後、つつがなく終わったが、議長は先の意見を述べなかった5名に、「来週からこの会議には出席しなくていい」と告げた。

その5名は「今日はたまたま意見を言えなかっただけです」「情報を共有したいので、出席します」と言うのだが、議長は「議事録はあとから送ってあげるから」と言って、とり合わなかった。

議長にあとで話を聞くと、「最近無駄な会議が多い」という課題があり、会議を絞り込ん

でいる最中です」と言う。

「だいたい、会議に来てボーっとしている人や、内職をしている人に、会議に出てもらう必要はないですよね」

「たしかにそうですね」と私が相づちを打つと、議長はこう言った。

「たぶん、彼らも『会議になんて出たくない』と思っていたでしょう。だから、両者にとっていいんです。こういうところから変えていかないと、生産性は向上しないですから」

＊

「集団を賢くする要因は何か」を明らかにするため、マサチューセッツ工科大学（ＭＩＴ）のアレックス・ペントランドは、数百の小グループを対象に、ＩＱテストを行うなどして、「集団的知性」を検証した（『ソーシャル物理学』小林啓倫訳／草思社）。

賢い集団と、愚かな集団にどのような違いがあるのか？　組織の中で働くことの多い我々にとって、興味が尽きない分野だろう。

そして、この実験結果は意外なものだった。

実験によれば、会社で経営者が気にしているような要素、「団結力」「モチベーション」「満足度」などについては、統計学的に有意な効果はなく、**集団の知性を予測するのに最も役立つ要素は「会話の参加者が平等に発言しているか」だった。**

少数の人物が会話を支配しているグループは、皆が発言しているグループよりも集団的知性が低かった。

その次に重要な要素は、「グループの構成員の社会的知性」、すなわち相手の声のトーンやジェスチャーで相手の考えを察するなどの「雰囲気を読み取る能力」だった。

つまり、会議の生産性を高めたかったら、次のような人を会議に参加させてはならない。

1　発言しない人

2　発言しすぎる人

3　空気の読めない人

これは科学的検証に基づいた事実である。

＊

私はコンサルタントの仕事に就いていたとき、「会議での発言を観察すること」は、その人の実力を測るうえでとても重要であった。

議事録をレビューし、次のような行動を繰り返す人物は、会議から遠ざけたり、外したりすることを推奨したこともある。

・すぐにマウントをとろうとする人
・人の話を配慮なくぶった切る人
・アイデアを出さない人
・自分の意見を述べない人

この要件に当てはまる人物は、いくら個人として有能であっても、チームのパフォーマンスを低下させるため、個人で活動させたほうがいい。そう結論づけたのだ。

＊

会議とは、個人のパフォーマンスを見せつける場ではない。**個人をはるかに超えるパフォーマンスを出すために「集団で考える場」なのだ。**そのルールを理解しない人物に、会議に参加する資格はない。

何より残念なのは、知的に優れているのに「コミュニケーション能力」が低い人

企業が、採用面接で「コミュニケーション能力」を最重要視することは正しい。なぜなら今は、「コミュニケーション能力」の高い人物が公私にわたり非常に得をする時代だからだ、という話はした。

実際に、顧客との折衝、人脈の獲得、学業におけるコラボレーション、果ては恋愛におけるパートナーの獲得まで、さまざまなところで、相手の気持ちを汲み、適切な発言と行動を選択する「コミュニケーション能力」が必要とされる。

人間の三大能力は、身体能力、知力、そしてコミュニケーション能力だ、と言う人もいるくらいだ。

だが逆にいえば、「コミュニケーション能力」の低い人にとっては大変厳しい時代ともいえる。「コミュニケーション能力」を駆使して有利に立ち回る人物がいる一方で、頼れる人が少ない、相談できる人がいない、友だちがいない、と人間関係のネットワークから排除され、身動きがとれなくなる人が大勢いる。

彼らは助けを求めることもヘタだが、助けてくれようという人とすら、うまくコミュニケーションがとれず、孤立を深めていく。

そして、しばしば、「貧困」「失業」あるいは「人間関係の破綻《はたん》」などの深刻な事態を引き起こす。しかも、これらの状況は、周囲の人々が救ってあげることが非常に難しい。なぜなら「コミュニケーション能力の低さ」は自覚が難しいからだ。

言い換えれば、「コミュニケーション能力が低い人は、それを自覚できないからこそ、コミュニケーション能力が低い」ともいえる。

＊

私の知る範囲だけでも、知的能力が高く学歴もよいのだが、著しくコミュニケーション能力の低い人物が数名いる。

そして、彼らに共通する課題は「伸び悩み」である。それなりの成果は出すのだが、それらはすべて「まあまあ」という程度に留まってしまう。

彼らは知的能力や学歴が高いがゆえに、なおさら「正当な評価を受けることができていない」とギャップに悩む。

たとえば、かつて自分を助けてくれた恩人と、必ずトラブルを起こして絶縁していくフリーランスの方がいる。

彼とその周辺の人物から話を聞くと、すべての原因は「その人物のコミュニケーション能力の低さ」にあることがよくわかる。

サラリーマン時代の上司は、「才能はあるが、まわりに敵を数多くつくる」ことを知っていて、独立しても彼を助けたのだが、彼はたびたびトラブルを引き起こす。

「このままだと、たいした仕事ができないよ。もう少し人の指摘に対して、素直にならなきゃダメだ」と彼に言ったところ、「お言葉ですが、あのクオリティの仕事しかできない人たちの指摘は聞いてもしかたありません」と返された。

それでも元上司はなんとかもう少し広い視野を持ってほしいと考え、こう諫《いさ》めた。

「それはそうかもしれないが、彼らにもよいところがあるし、前回やった仕事は世間的にも非常に評価されている」

すると、彼は「なぜ私の仕事にケチをつけるんですか」と言い、怒って帰ってしまった。

その後、彼とは連絡がとれないという。

元上司は、こう言った。

「彼はもう少し柔軟かと思っていたのですが……。私の言い方がマズかったのでしょう。彼が自分自身のコミュニケーション能力が低い、と自覚さえしてくれていれば、なんとでもやりようがありますが、『コミュニケーション能力が低いのはまわりであって、自分ではない。自分が評価されないのは、彼らのせいだ』と言われると、もういかんともしがたいです」

このように、彼らはすべて、自分の「コミュニケーション能力」の低さに関して、ほぼ無自覚である。

いや、むしろ「自分は能力が高いのだから、コミュニケーション能力も同じように高い」と信じて疑わない。それに反して、まわりの人物は「あの人、頭はいいけど残念だよね」という評価がほとんどだ。

＊

コミュニケーション能力の本質は「自分自身を俯瞰する能力」である。

・自分の発言に対して相手がどのような印象を持つのか
・相手の価値観と自分の価値観の相違は何か
・自分にとっての正義がどれほど相手にとって受け入れられるのか

これらのようなことに想像が及ばなければ、知的に優れ、合理的な判断を下せる人物であっても、「コミュニケーション能力」はお粗末なものとなってしまう。

むしろ、逆説的ではあるが**「しょせん、人と人はわかり合えない、そして自分はさらにコミュニケーション能力が低いのだから、相手のことを誤解しているかもしれない」と、常に思える人こそ、本当は最もコミュニケーション能力が高いのである。**

知的に優れているのにコミュニケーション能力が低い人。

彼らこそ、何より残念な人たちだ。いい人と巡り会い、その人物が彼らのコミュニケーション能力の低さを補完してくれることを祈るのみである。

おわりに

先日、私はTwitterでこんなつぶやきを見つけました。

「『コミュニケーション能力が求められている』というから、企業の面接官に『御社で言うコミュニケーション能力とは、具体的にどのような能力ですか？』と聞いたら、1人もきちんと答えることができなかった。自分でもわからないものを、人に聞くなよ」

誠にもっともな意見だと思います。

実際に、「コミュニケーション能力」の実体はとても見えにくいものです。

本書を読み終わった方でも、「で、結局コミュニケーション能力って何なの？」という疑問を持ち続けている方もいるでしょう。

ピーター・ドラッカーは、コミュニケーションについて、非常に優れた洞察をしています。

仏教の禅僧、イスラム教のスーフィ教徒、タルムードのラビなどの公案に、「無人の山中で木が倒れたとき、音はするか」との問いがある。今日われわれは、答えがノーであることを知っている。たしかに、音波は発生する。だが、誰かが音を耳にしないかぎり、音はしない。音は知覚されることによって、音となる。ここにいう音こそ、コミュニケーションである。この答えは、新しくはない。神秘家たちも知っていた。誰も聞かなければ、音はない」と答えた。

このむかしからの答えが、今日重要な意味をもつ。この答えは、コミュニケーションを成立させるものは、コミュニケーションの受け手であることを教える。それはコミュニケーションの内容を発する人間、すなわちコミュニケーターではない。彼は発するだけである。聞く者がいなければ、コミュニケーションは成立しない。意味のない音波があるだけである。

（『プロフェッショナルの条件』上田惇生訳／ダイヤモンド社）

つまり、コミュニケーションとは、「相手の求めることに気づき、それを提供する行為」

と言ってよいでしょう。

仕事においても、プライベートにおいても、相手が求めていることに気づかないかぎり、相手とのコミュニケーションは成立しません。

「コミュニケーション能力」とは、うまく話す能力でもなければ、相手に気に入られるテクニックでもありません。

それは、**「相手のことをひたすら深く知ろうとする」姿勢**のことを指しているのです。

2017年8月

安達裕哉

安達裕哉（あだち　ゆうや）
1975年東京都生まれ。筑波大学環境科学研究科修了。世界4大会計事務所の1つである、Deloitteに入社し、12年間コンサルティングに従事。在職中、社内ベンチャーであるトーマツイノベーション株式会社の立ち上げに参画し、東京支社長、大阪支社長を歴任。大企業、中小企業あわせて1000社以上に訪問し、8000人以上のビジネスパーソンとともに仕事をする。その後、起業して、仕事、マネジメントに関するメディア「Books&Apps」（読者数150万人、月間PV数200万にのぼる）を運営する一方で、企業の現場でコンサルティング活動を行う。著書『「仕事ができるやつ」になる最短の道』『仕事で必要な「本当のコミュニケーション能力」はどう身につければいいのか?』『すぐ「決めつける」バカ、まず「受けとめる」知的な人』（いずれも日本実業出版社）。

仕事《しごと》で必要《ひつよう》な「本当《ほんとう》のコミュニケーション能力《のうりょく》」はどう身《み》につければいいのか？

2017年9月1日　初版発行
2022年6月1日　第5刷発行

著　者　安達裕哉　
発行者　杉本淳一

発行所　株式会社日本実業出版社　東京都新宿区市谷本村町3-29 〒162-0845
編集部　☎03-3268-5651
営業部　☎03-3268-5161　振　替　00170-1-25349
https://www.njg.co.jp/

印刷／堀内印刷　製本／若林製本

ISBN 978-4-534-05517-0　Printed in JAPAN